AF389818

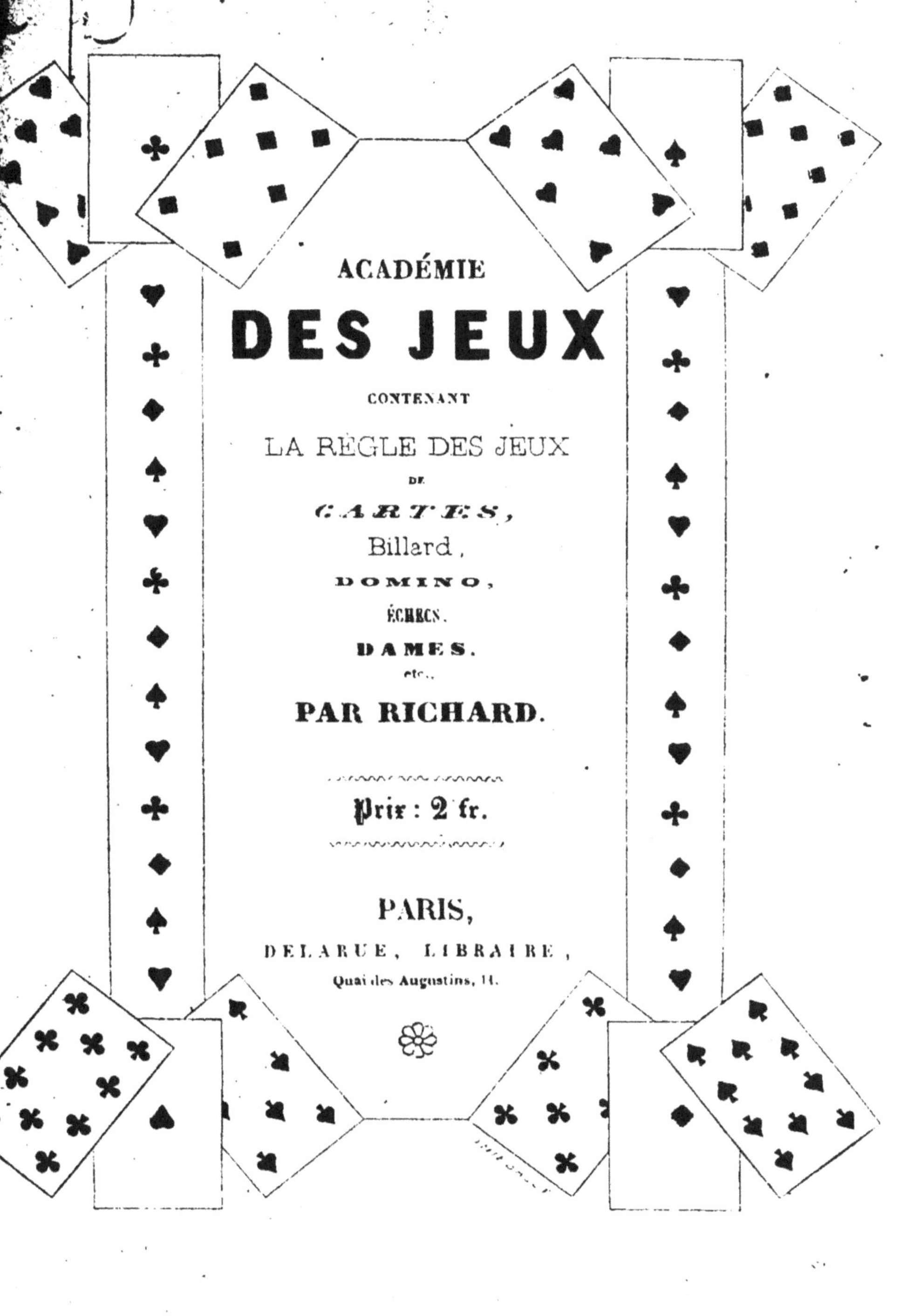

# ACADÉMIE
# DES JEUX

CONTENANT

LA RÈGLE DES JEUX

DE

*CARTES,*

Billard,

DOMINO,

ÉCHECS,

DAMES,

etc.,

## PAR RICHARD.

Prix : 2 fr.

## PARIS,

DELARUE, LIBRAIRE,

Quai des Augustins, 14.

# ACADÉMIE

# DES JEUX.

# TABLE DES JEUX.



Corbeil, Imp. de Crété.

# ACADÉMIE
# DES JEUX

CONTENANT :

LA **RÈGLE** de chacun des principaux jeux, soit de Cartes,
Billard, Échecs, Domino, Dames, etc., etc.;
LA **MANIÈRE** de jouer avec avantage les jeux de calcul
et les probabilités des jeux de hasard;
Les punitions attachées aux fautes, etc., etc.;

## NOUVELLE ÉDITION,

MISE EN ORDRE

## PAR RICHARD.

PARIS,

## DELARUE, LIBRAIRE-ÉDITEUR,

Quai des Augustins, 11.

## 1846

# RÈGLES
# DU JEU DE PIQUET

## CHAPITRE PREMIER.

### Où l'on donne une idée générale du jeu de piquet.

#### ARTICLE PREMIER.

On ne joue ordinairement que deux au piquet, et le jeu ne doit être composé que de trente-deux cartes, qui sont : l'as, le roi, la dame, le valet, le dix, le neuf, le huit et le sept de chaque couleur. Observez que les cartes sont rangées ci-dessus selon leur valeur ; les as étant toujours au-dessus des rois, les rois des dames, les dames des valets, etc.

2. Toutes les cartes valent les points qu'elles marquent, si vous en exceptez l'as qui en vaut onze, et qui emporte toujours le roi, mais il faut pour cela qu'il soit de même couleur ; et les trois figures, c'est-à-dire roi, dame et valet, dix points chacune.

3. Quand on est convenu de ce qu'on veut

jouer, et en combien de points on jouera, on voit
à qui mêlera le premier : celui qui a tiré la plus
basse carte doit donc mêler et donner les cartes
le premier ; il les prend à cet effet, les mêle autant qu'il juge à propos, puis les présente à son
adverse partie, qui peut les mêler, s'il veut, à
son tour : en ce cas, celui qui est à donner les
cartes, doit les mêler une seconde fois et présenter à couper à son adversaire, qui doit les
couper nettement, car celui qui les éparpillerait,
ou n'en couperait qu'une, serait obligé de recommencer après que celui qui est à donner aurait rebattu les cartes. Cela fait, celui qui donne
met les cartes de dessous dessus, puis les distribue deux à deux, ou trois à trois, cela dépend de
son caprice, et ce sont les deux nombres ordinaires, mais jamais une à une, ni au-dessus de
trois.

**4.** Il faut continuer dans tout le cours de la
partie par le nombre qu'on a commencé ; car si,
par fantaisie, on venait à vouloir changer la
donne, il ne serait pas permis, à moins que d'a-
voir averti avant de mêler, en disant : je donne-
rai par deux, ou par trois.

**5.** On donne donc des cartes jusqu'à ce que
les joueurs en aient chacun douze, de manière
qu'il n'en reste plus que huit en la main de celui
qui donne et qu'il doit placer sur le tapis, vis-à-
vis de son adversaire : ces huit cartes sont appelées *talon*.

**6.** Avant que de passer plus loin, pour donner une idée générale du jeu dans ce chapitre, comme nous nous le sommes proposé, il est à propos de faire remarquer que, si celui qui donne les cartes au lieu de n'en donner que douze à son adversaire, lui en donne treize, ou les prend pour lui, il est libre à celui qui a la main, c'est-à-dire qui n'a point mêlé, de se tenir au jeu, ou de faire refaire, rendant en ce cas le coup nul, mais s'il s'y tient lorsqu'il a treize cartes, il doit laisser les trois cartes au dernier, c'est-à-dire, que le talon n'étant pour lors que de sept, il ne peut prendre au plus que quatre, et moins, s'il veut, par la raison que nous en donnerons ci-après, et si le dernier a treize cartes, il en écarte trois, et n'en prend que deux; et si l'un des deux joueurs se trouvait avoir quatorze cartes, n'importe lequel, il faut refaire.

**7.** Vous remarquerez que lorsque dans le talon il ÿ a une carte retournée, soit que le talon soit de sept ou huit cartes, pourvu que le coup se joue, le coup sera bon, si la carte retournée n'est pas celle au-dessus du talon, ou la première des trois que doit prendre le dernier, parce qu'en ce cas la carte étant vue des deux joueurs, on doit refaire nécessairement, à cause que si on le laissait à la volonté de celui à qui elle va droit, il aurait l'avantage de s'y tenir s'il avait beau jeu, et de refaire s'il l'avait mauvais, ce qui ne serait pas juste, n'y ayant point ici de faute à punir.

**8.** Vous remarquerez encore que la sévérité que l'on a de condamner à perdre cent soixante-dix points pour avoir tourné ou vu une ou plusieurs cartes du talon de son adversaire, est fort injuste, et n'est point en usage parmi les gens qui jouent bien le piquet; le joueur qui tourne ou voit une ou plusieurs cartes du talon de son adversaire, est condamné à jouer telle couleur que son adversaire voudra, s'il est le premier à jouer.

**9.** Il est à propos, pour l'intelligence de ce jeu d'expliquer ce que c'est que *hasard*. Il y a dans ce jeu trois sortes de hasard, qu'on appelle *repic, pic, capot*.

**10.** *Le repic* a lieu lorsque, dans ce jeu, sans que l'adversaire puisse rien compter, ou du moins ne parle pas, l'on compte jusqu'à trente points : en ce cas, au lieu de dire trente, on dit quatre-vingt-dix et au-dessus, à mesure qu'il y a des points à compter au-dessus de trente.

**11.** *Le pic* a lieu lorsqu'ayant compté un certain nombre de points, sans que l'adversaire ait rien compté, l'on va en jouant jusqu'à trente, auquel cas au lieu de dire trente, on compte soixante, et l'on continue de compter les points qu'on fait par dessus.

**12.** *Le capot*, c'est lorsque l'un des deux fait toutes les levées; il compte pour cela quarante points, au lieu que celui qui gagne seulement les cartes, compte dix points pour les cartes. C'est fort mal à propos que certains joueurs prétendent que l'on ne saurait faire tous les hasards dans un seul coup ; tous conviennent qu'on peut joindre le capot au pic et au repic, ce qui arrive ordinairement ; et les gens qui se vantent de bien savoir le jeu conviennent comme moi que, par cette même raison, l'on peut faire les trois hasards en un seul coup : en voici l'exemple : je suppose qu'un des joueurs ait les quatre tierces majeures, et que son point soit bon, s'il est premier à jouer, il entrera par 4 du point, et 12 de tierces majeures, c'est 16 ; et 14 d'as, c'est 90 ; 90 et 28 des deux quatorzes de rois et de dames feront 118 ; et en jouant ses cartes, il a 161, qui, joints au 40 pour le capot, feront 200 points d'un coup. Ce coup est extrêmement rare, mais il est de la justice qu'il vaille lorsqu'il se présente.

**13**. Observez que lorsque la tierce majeure est bonne pour le point elle vaut quatre ; et quand même elle ne serait comptée que pour trois de point, les trois hasards y seraient encore.

**14**. Il faut remarquer que pour faire pic, c'est-à-dire pour compter 60 au lieu de 30, il faut être le premier ; car si vous n'êtes pas premier et que le premier jette une carte qui marque, il comptera un, et vous, quand vous auriez compté dans votre jeu 29, si vous levez la carte jetée, vous ne compterez cependant que 30, à moins que celui qui joue le premier ne jetât une carte qui ne comptât point, comme un 9, un 8 ou un 7 ; auquel cas, après avoir levé cette main, vous pouvez continuer de jouer votre jeu jusqu'à 30, et compter 60, le hasard étant bien fait.

**15.** L'on doit condamner ici la sévérité qu'on a dans quelques pays, à l'égard du pic. Un joueur qui, au lieu de dire 60 ne dirait que 30, ne saurait y revenir, et ne compte absolument que 30, tandis que partout ailleurs, il en revient, et jamais les joueurs ne doivent se faire de ces difficultés, n'y ayant rien qui oblige à cette sévérité; la distraction de celui qui compte 30 au lieu de 60, ne pouvant qu'être à son préjudice ; il pourra donc y revenir jusqu'à ce que l'on ait coupé pour le coup suivant.

**16.** Il faut remarquer encore que lorsque les deux parties sont fort avancées, les cartes blanches, qui valent dix point, sont premièrement comptées, ensuite le point, les tierces, quatrièmes, et cinquièmes, etc. ; viennent ensuite, après cela, les points que l'on compte en jouant, et enfin, les dix points des cartes ou les quarante de capot.

### De la manière dont on doit faire l'écart , et ce que c'est que cartes blanches.

**17.** Lorsque chacun a les douze cartes qui composent son jeu, il les examine et doit , pour mieux connaître son jeu, arranger ses couleurs, c'est-à-dire mettre les cœurs avec les cœurs, les piques avec les piques, et ainsi des autres.

**18.** Ce qu'il doit d'abord considérer, c'est s'il a cartes blanches, c'est-à-dire s'il n'a point de figures dans son jeu, lesquelles sont les rois, les dames et les valets, enfin si l'un des deux joueurs se trouve avoir cartes blanches, après que l'autre a fait son écart, il étale ses cartes sur le tapis en les comptant l'une après l'autre, et les cartes blanches lui valent dix points, qui sont comptés avant le point même, et qui servent à faire le pic et le repic, à les parer et à empêcher le 90.

**19.** Le jeu ayant été ainsi examiné, et, qu'un des joueurs ait cartes blanches ou non, celui qui est le premier à prendre fait son écart, c'est-à-dire, qu'il choisit dans son jeu les cinq cartes qui lui semblent les moins nécessaires, pour en reprendre autant du talon.

**20.** Observez qu'il ne peut point en prendre plus de cinq, mais bien moins, puisqu'il peut n'en prendre qu'une, s'il veut, ou trois, ou deux, ou quatre ; il est pour lors en droit de voir les cartes qu'il pourrait prendre.

**21.** Si on avait laissé des cartes à celui qui en prend en dernier, et qu'il ne veuille point prendre toutes celles qui lui restent, il peut n'en prendre, s'il veut, qu'une, étant obligé, ainsi que le premier, d'en prendre pour le moins une ; s'il en laisse, il peut les voir, et le premier est en droit de les voir aussi en accusant la couleur dont il commencera à jouer et par laquelle il est obligé de jouer ; et si le dernier ayant laissé des cartes, il les avait mêlées avec celles de son écart, le premier est en droit de voir son écart, en disant la couleur dont il jouera en entrant au jeu.

**22.** Si par malice ou par mégarde, celui qui a dit : je commencerai par telle couleur, commençait par une autre, il serait libre au dernier de le faire commencer par telle couleur qu'il voudrait.

**23.** Comme ces règles sont plutôt faites pour les commençants que pour les maîtres, ils ne seront pas fâchés qu'on leur apprenne, en passant, la manière dont il convient de faire les écarts, et le but que l'on doit avoir en les faisant.

**24.** En faisant l'écart, le premier but des grands joueurs est de gagner les cartes et d'avoir le point, ce qui les oblige à porter ordinairement la couleur dont ils ont le plus, ou bien dont ils sont plus forts ; car il conviendrait de préférer 41 d'une couleur à 44 d'une autre où la quinte ne serait point faite, quelquefois même la quinte y étant, étant plus avantageux d'avoir ses 41, où une seule carte peut faire une quinte majeure ou le point et servir à gagner les cartes, ce qui ne pourrait se faire en portant les 44, à moins qu'il n'y eût une rentrée extraordinaire.

**25.** Il faut observer que si l'on joue pour un grand coup, il faut jouer différemment que lorsqu'on joue pour un petit coup, parce que l'on s'abandonne, pour le grand coup, absolument à la rentrée, qui est fort incertaine ; au lieu que pour un petit coup, l'on porte un jeu que la rentrée, quelle qu'elle soit, doit rendre meilleur et suffisant pour le faire, à moins que ce ne fussent absolument les cartes les plus opposées au jeu, ou de moindre valeur.

**26**. Il faut encore, en écartant, tirer à se faire les quatorzes; on appelle quatorze, 4 as, 4 rois, 4 dames, 4 valets, et à la faveur du quatorze d'as on en peut compter un bien plus bas, comme celui de dix, quoique l'adversaire en ait un de rois, de dames ou de valets, parce que le quatorze plus fort, annulle le moindre, et comme l'on compte, au défaut de quatorze, 3 as, 3 rois, 3 dames 3 valets ou 3 dix, il est encore bon d'y tirer. Vous observerez que 3 as valent mieux que 3 rois, que le moindre quatorze empèche 3 as, et ainsi des autres; et qu'à la faveur d'un quatorze, on compte non-seulement d'autres quatorzes moindres, mais encore 3 dix ou autres 3, pourvu que ce ne soit point de 9, de 8 ou de 7, encore que l'adversaire ait 3 d'une valeur au-dessus. Le moindre usage rendra familière cette règle qui semble d'abord une des plus difficiles du jeu.

**27**. Vous observez la même chose à l'égard des huitièmes, septièmes, sixièmes, quintes, quatrièmes et tierces, auxquelles un joueur qui fait son écart doit avoir égard, pour tâcher de s'en procurer par sa rentrée, étant ce qu'il y a de plus beau au jeu; vous en trouverez la valeur et le nom dans le chapitre suivant, ce qui servira à faire connaître aux joueurs qui ne sont pas bien

1.

au fait de ce jeu, ce qu'il convient mieux de
porter.

### Des point, tierces, quatrièmes, quintes, sixièmes, septièmes et huitièmes.

**28.** Le point, c'est un nombre de cartes
d'une même couleur que l'on a dans son jeu, et
dont on assemble les points pour les accuser :
vous observerez, pour compter le point, que l'as
vaut onze, les figures dix chacune, et les autres
cartes autant de points qu'elles en marquent,
c'est-à-dire un dix, 10 ; un neuf, 9 ; etc.

**29.** Le point étant assemblé, le premier à
jouer l'accuse, c'est-à-dire le point qu'il a, et
demande à son adversaire s'il est bon : si l'adversaire n'en a pas autant, il dit qu'il est bon ; s'il
en a autant, il dit qu'il est égal, et s'il en a plus,
il dit qu'il ne vaut pas. Enfin, que le point accusé
soit bon ou non, celui qui a le plus fort compte
autant de points qu'il a de cartes ; à moins que,
par exemple, ayant six cartes de point, qui ne
feraient que cinquante-quatre, dans ce cas ces
six cartes ne doivent être comptées que pour cinq,
au lieu que s'il y avait cinquante-cinq, elles en
vaudraient six, et ainsi de soixante-quatre et
quarante-quatre, qui ne valent qu'en proportion
des dixaines : chaque cinquième point comptant
pour sa dixaine, trente-cinq points valent autant
pour le point que quarante-quatre étant compté

l'un et l'autre pour quatre ; mais c'est celui qui a le plus haut point en main qui les compte et, si le point est égal, personne ne doit le compter. Il en est de même lorsque les deux joueurs ont les mêmes tierces, quatrièmes, cinquièmes ou quintes, etc., à moins que par une quinte, quatrième ou tierce supérieures, il ne rende bonnes les tierces, quatrièmes ou quintes inférieures qui pourraient être égales à celles de son adversaire.

### Les tierces.

**30.** Il y a six sortes de tierces ; la première, que l'on appelle majeure est composée d'un as, d'un roi et d'une dame ; la seconde, nommée tierce au roi, est composée d'un roi, une dame et un valet ; la troisième, dite à la dame, est composée d'une dame, un valet et un dix ; la quatrième au valet, est composée d'un valet, un dix et un neuf ; la cinquième au dix, est composée d'un dix, un neuf et un huit ; la sixième qu'on appelle tierce basse ou fine, est composée d'un neuf, un huit et un sept. Vous observerez qu'il faut, pour faire une tierce, une quatrième, une quinte, une sixième, etc., que toutes les cartes soient de même couleur, soit en carreau, en trèfle, cœur ou pique.

### Les quatrièmes.

**31.** Il y a cinq sortes de quatrièmes ; la pre-

mière, qu'on appelle majeure est composée d'un
as, un roi, une dame et un valet; la seconde,
nommée quatrième au roi, se compose d'un roi,
une dame, un valet et un dix; la troisième à la
dame, est composée d'une dame, un valet, un
dix et un neuf; la quatrième au valet, est composée d'un valet, un dix, un neuf et un huit; et la
cinquième, dite quatrième basse, se compose
d'un dix, un neuf, un huit et un sept.

### Les quintes ou cinquièmes.

**32.** Il y a quatre sortes de quintes; la première, dite quinte majeure, se compose d'un as,
un roi, une dame, un valet et un dix; la seconde,
nommée quinte au roi, est composée d'un roi,
une dame, un valet, un dix et un neuf; la troisième, dite à la dame, est composée d'une dame,
un valet, un dix, un neuf et un huit; et la quatrième, dite quinte basse ou au valet, se forme
d'un valet, un dix, un neuf, un huit, un sept.

### Les sixièmes.

**33.** Il y a trois sortes de sixièmes; la première, dite majeure, est composée d'un as, un
roi, une dame, un valet, un dix et un neuf; la seconde, dite au roi, est composée d'un roi, une
dame, un valet, un dix, un neuf et un huit; et
la troisième à la dame, se compose d'une dame,

un valet, un dix, un neuf, un huit et un sept.

### Les septièmes.

**34.** Il y a deux sortes de septièmes ; la pre-mière appelée majeure, est formée d'un as, un roi, une dame, un valet, un dix, un neuf et un huit, la seconde, dite au roi, se compose d'un roi, une dame, un valet, un dix, un neuf, un huit et un sept.

### Les huitièmes.

**35.** Il n'y a qu'une sorte de huitième, qui est composée des huit cartes d'une même couleur, depuis l'as jusqu'au sept.

Voilà à quoi il est encore bon de viser en faisant son écart, étant de l'avantage d'un joueur d'en avoir, car une tierce bonne vaut, à celui qui compte, trois points ; une quatrième, quatre ; une cinquième ou quinte, quinze ; une sixième, seize ; une septième, dix-sept ; et la huitième, dix-huit, outre les points qui sont accordés pour le point. Par exemple, un joueur qui aurait une quinte majeure dont le point serait bon, compte-rait quinze pour la quinte et cinq pour le point, ce qui ferait vingt ; ainsi de la quatrième, pour la-quelle on compterait quatre, et quatre pour le point, s'il était bon, ce qui ferait huit : la même chose se fera à l'égard des sixièmes et huitièmes.

**36.** Vous remarquerez encore, quoiqu'on l'ait

déjà dit, que celui qui a la plus haute tierce, quatrième, quinte, etc., annulle toutes celles inférieures. Par exemple, une tierce majeure annulle une tierce au roi qu'aurait l'adversaire, et ainsi des quatrièmes, quintes, sixièmes, septièmes, en observant que la moindre quatrième annulle la plus haute tierce, la moindre quinte la plus haute quatrième; la moindre sixième la plus haute quinte, et la moindre septième la plus haute sixième; une huitième annulle toutes les espèces de séquences.

**37**. Toutes ces tierces, quatrièmes, quintes, sixièmes, septièmes et huitièmes, sont des séquences : observez en même temps, qu'à la faveur d'une bonne tierce, quatrième, quinte, etc., l'on fait passer les moindres tierces, encore que l'adversaire en ait de plus fortes, et l'on accumule par là les points qu'elles font, le jeu de l'adversaire étant annulé par la séquence supérieure; et s'il y a égalité dans la plus haute séquence entre les deux joueurs, celui qui en aurait plusieurs autres de même force ou moindres, n'en compterait pour cela pas une, la plus noble étant égale.

Il semble que l'on a expliqué suffisamment toutes les séquences. Voyons maintenant l'ordre que l'on doit observer en comptant le jeu, et la manière de jouer les cartes.

### De l'ordre que l'on doit tenir en comptant son jeu et de la manière de jouer les cartes.

**38**. Après que chacun des joueurs a pris du talon les cartes qu'il doit y prendre, il doit assembler son jeu pour y voir ce qu'il a à compter. Il doit commencer par ramasser la couleur dont il a le plus grand nombre, pour en composer son point et l'accuser ; et si le dernier en a davantage dans son jeu, il dit : il ne vaut pas ; s'il en a autant, il dit : il est égal, et s'il en a moins, il répond qu'il est bon. Après avoir compté le point, il doit examiner s'il n'a pas de tierces, quatrièmes, quintes, etc., afin de compter autant de points, si ce qu'il en a n'est point défendu par l'adversaire.

**39**. Vous observerez que le point, les tierces quatrièmes, quintes, etc., doivent être mis sur table, afin qu'on puisse en compter la valeur, car si un des joueurs, qui aurait accusé le point ou des tierces, quatrièmes, quintes, etc., qu'on lui aurait dit valoir, oubliait de les montrer et jouait sans les avoir comptés, il ne pourrait plus y revenir, son adversaire compterait son point, encore qu'il fût moindre, et ses tierces, quatrièmes, quintes, etc., quoiqu'elles fussent plus basses, pourvu néanmoins qu'il les montrât lui-même avant de jeter sa première carte, sans quoi, c'est-à-dire, s'il l'avait jetée, il ne pourrait plus y revenir, et alors ils ne compteraient ni l'un ni l'autre.

Après avoir examiné et compté les tierces, quatrièmes, quintes, etc., il faut examiner si l'on a des quatorzes : les quatorzes sont quatre as, quatre rois, quatre dames, quatre valets ou quatre dix, comme il a déjà été dit ; un quatorze bon est compté pour quatorze points, le supérieur annulle l'inférieur, et fait que l'on peut, à sa faveur, compter trois as, trois rois, trois dames, etc.

**40.** S'il n'y a point de quatorze dans le jeu, on cherche à compter trois as, trois rois, trois dames, trois valets, ou enfin trois dix, les plus hautes annulant toujours les inférieures.

**41.** Après donc que chacun a examiné son jeu et vu par les interrogations faites, ce qu'il y a de bon dans son jeu, le premier recommence à le compter ; la première chose qu'il compte, ce sont les cartes blanches, qui valent dix points ; s'il les a, il commence alors en disant : dix de cartes blanches valent dix, et s'il a le point, il étale et compte ; s'il a cinquante en points, dix et cinq pour le point font quinze ; si ensuite il a une quatrième bonne, il étale également et ajoute quatre points à quinze, qui font dix-neuf ; s'il a en outre un quatorze, ou trois as, ou trois de quelqu'autre chose qui soit bon, il les ajoute encore ; et, après avoir compté tout son jeu, il joue une carte, en comptant un point pour la carte qu'il joue, si elle est un as, un roi, une dame, un valet ou un dix, qui sont les seules cartes marquantes.

**42.** Après que le premier a joué sa carte, le dernier, avant que de jouer, montre son point ; s'il l'a bon, ses tierces, quatrièmes ou quintes, etc., compte ses quatorzes ou *trois* as, ou trois rois, etc., ses cartes blanches, s'il les a, et, après avoir additionné tout ce qu'il a à compter, il lève la carte que le premier a jouée, s'il le peut, ou bien fournit la couleur, s'il ne peut point lever ; et lorsqu'il prend la levée, il joue par telle couleur qu'il veut.

**43.** L'on observe que, comme il n'y a point de surprise au jeu de piquet, celui qui, en jouant ses cartes, change de couleur, doit nommer la couleur dont il joue, faute de quoi, celui qui aurait fourni, croyant qu'il continuait à jouer de la couleur dont il jouait auparavant, serait en droit de reprendre sa carte jetée, quand même elle serait de la couleur jouée.

**44.** A l'égard de la manière de jouer les cartes, comme il faut que ce soit l'usage qui enseigne la manière la plus avantageuse de les jouer, on se contentera d'en dire deux mots en général.

**45.** Il est certain que c'est principalement à la manière de jouer les cartes que l'on distingue un bon joueur d'avec celui qui ne l'est pas, et il n'est pas possible de les bien jouer, que l'on ne connaisse la force du jeu, c'est-à-dire, par le jeu que l'on a, on doit connaître ce que l'adversaire peut avoir, et ce qu'il doit avoir écarté, en faisant encore attention à ce qu'il montre de son jeu, et à ce qu'il compte.

**46.** Le principal but du joueur, en jouant ses cartes, doit être, en premier lieu, de les gagner ; en second, de faire davantage de points, et empêcher l'adversaire d'en faire ; mais le principal objet est de faire les cartes, qui valent dix à celui qui les gagne.

**47.** L'on doit dire, en faveur de ceux qui n'ont aucune teinture du jeu de piquet, qu'il n'y a point de triomphe au piquet, mais que ce sont les meilleures cartes de la couleur jouée qui font les levées, car, par exemple, si l'on jouait le roi de trèfle et que vous en eussiez l'as, vous lèveriez la main, au lieu que s'il n'en était joué que le sept, et que vous jouassiez une carte de plus de valeur dans une autre couleur, la levée irait à celui qui aurait joué le sept.

**48.** Si par mégarde, celui qui fournit sur la carte jouée ne donnait pas la couleur que son adversaire jette, s'il en avait, quoique sa carte fût sur le tapis, il lui serait permis de la relever pour en fournir, sans qu'il en coûte pour cela aucune peine.

Un premier, quelquefois, aura le malheur que son point, ses quintes, ses quatrièmes, ses tierces et autres choses qu'il pourrait avoir ne lui vaudraient rien, alors il commencera par compter un, en jetant telle carte de son jeu qu'il jugera à propos, et il continuera à jouer jusqu'à ce que son adversaire ait joué une carte plus haute que la sienne.

**49.** Celui qui est second en carte, avant de jouer, compte tout ce qu'il a à compter dans son jeu ; et, lorsqu'en jouant les cartes il fait la levée, il rejoue par telle couleur qu'il veut : ils jouent l'un et l'autre de la sorte jusqu'à ce que leurs douze cartes soient jetées ; celui qui fait la dernière levée compte deux points, si la carte qu'il joue est une carte qui marque, et un, si elle ne marque pas.

**50.** Chacun compte ensuite ses levées, et celui qui en a le plus, compte dix pour les cartes ; mais lorsqu'elles sont égales, elles ne sont comptées de part ni d'autre.

**51.** Le coup n'est pas plutôt fini que chacun doit marquer ce qu'il fait de points, jusqu'à ce que la partie s'achève. On recommence à donner les cartes après les avoir mêlées et données à couper.

**52.** Chacun fait tour à tour au piquet, supposé qu'on ne finisse pas la partie d'un seul coup.

**53.** Lorsque l'on commence une autre partie, si celui qui a perdu veut jouer, on coupe pour savoir qui fera le premier, et de la manière qu'on l'a déjà dit, à moins qu'on ne soit convenu au commencement du jeu que la main suivrait.

**54.** Dans l'un et l'autre cas, on continue alternativement à donner ; il est libre à chacun des deux joueurs de ne plus jouer lorsque la partie est achevée, mais non pas dans le cours de la partie, à moins que de payer ce que l'on joue.

---

# CHAPITRE SECOND.

**1.** S'il se trouve que l'un des joueurs ait plus de cartes qu'il ne faut, si le nombre n'en excède pas treize, il est au choix de celui qui a la main de refaire ou de jouer selon qu'il le trouve avantageux à son jeu, et lorsqu'il y a quatorze cartes ou plus l'on refait nécessairement.

La raison qui fait décider ce coup de la sorte c'est que lorsqu'il y a treize cartes à l'un des deux jeux, c'est par la faute de celui qui a mêlé, c'est pourquoi, s'il y a une peine, c'est à lui de la subir.

**2.** Si celui qui est le premier a treize cartes au lieu de douze, et qu'il veuille jouer et ne point refaire, il le peut, mais il doit en écarter une de plus qu'il n'en prend, étant obligé de laisser au dernier ses trois cartes ; au contraire, si celui qui donne en a pris treize, il est encore au choix du premier de faire ou de jouer ; il prend, dans ce second cas, autant de cartes qu'il en prendrait si le talon n'était pas faux ; et le dernier qui a treize cartes, en écarte trois et n'en prend que deux, pour faire le nombre de douze qu'il doit avoir; tout cela doit se faire en s'avertissant l'un l'autre, et avant d'avoir vu les cartes que l'on prend, car après cela l'on n'y est point reçu; et il faut que le jeu se joue comme il se trouve; aux peines que doivent porter ceux qui ont trop de cartes, c'est-à-dire de ne rien compter.

La justice qui est rendue au premier, lorsqu'on lui laisse le choix de jouer le coup ou de refaire, engage en même temps à faire laisser sa légitime au dernier lorsqu'il n'a pas les treize cartes; et lorsqu'il en a treize, à l'obliger d'en écarter trois pour n'en prendre que deux, afin de n'avoir pas au delà des cartes qui doivent composer son jeu; et il ne peut du reste avoir plus de douze cartes que par sa faute, qui sera punie à la rigueur si le cas arrive.

**3.** Qui prend plus de cartes qu'il n'en a écarté ou se trouve en jouant en avoir plus qu'il n'en faut, ne compte rien du tout, et ne peut empêcher son adversaire de compter tout ce qu'il a dans son jeu, encore que ce qu'il a soit de beaucoup inférieur au jeu de celui qui a treize cartes ou davantage. La rigidité de cette règle est fondée sur la justice, puisque souvent une carte suffit dans un jeu pour le faire valoir et abattre.

**4.** Qui prend moins de cartes, ou s'en trouve moins, peut compter tout ce qu'il a dans son jeu, n'y ayant point de faute à jouer avec moins de cartes; mais son adversaire compte toujours la dernière, attendu qu'il ne fournit point, et, par conséquent, il ne saurait être capot, au lieu que celui qui a moins de cartes le serait, si son adversaire faisait les onze premières levées, n'ayant pas de quoi fournir à la douzième.

Il semble d'abord qu'on soit moins rigide sur cette règle que sur la précédente ; cependant, si l'on examine bien que celui qui n'a que onze cartes ou moins ne préjudicie qu'à lui-même, on le trouvera suffisamment puni de risquer le capot, sans pouvoir le faire.

**5.** Qui commence à jouer et oublie de compter les cartes blanches, le point ou les as, rois, dames, etc., ou les tierces, quatrièmes, quintes, etc., qu'il peut avoir de bonnes dans son jeu, n'est plus reçu à les compter après, et tout cet avantage devient nul pour lui.

Cette règle est rigide, en ce qu'il semble n'y avoir point de mauvaise foi; mais l'on conviendra que celui qui oublie de compter son jeu fait faute, et qu'il est juste qu'il en soit puni.

**6.** Lorsqu'avant de jeter la première carte on ne montre pas le point qu'on a plus fort que son adversaire ou quelques tierces, quatrièmes, etc., on ne peut plus y revenir, et on les perd. En ce cas, le premier, à qui l'on aurait dit que son point ne vaut pas ou ses tierces, etc., ou trois de quelqu'autre chose, est en droit, pourvu qu'il ne joue pas sa seconde carte, de compter son jeu, qu'on lui aurait dit ne pas valoir, et qu'on n'aurait point montré ou accusé.

C'est avec justice que l'on admet à revenir pour compter son jeu, celui à qui on aurait dit que son jeu n'était pas bon, puisqu'il ne le montre pas sur la parole de l'adversaire, lequel étant de mauvaise foi, pourrait toujours dire : *ne vaut pas*, au hasard qu'on oublierait de le montrer auparavant de jouer.

**7.** L'on doit continuer à donner de la même manière que l'on a commencé, soit par deux ou trois, pendant tout le long d'une partie, à moins qu'auparavant que de mêler, l'on avertisse que l'on donnera par deux ou trois ; alors l'on peut changer de manière, sans avertir en commençant chaque partie.

La raison de cette règle est plausible, puisqu'un joueur qui connaîtrait les cartes et qui verrait que la troisième ou quatrième serait bonne, donnerait par deux ou trois, cherchant par là son avantage. Elle est reçue de tous les joueurs, et fort bien établie pour prévenir jusqu'aux moindres abus.

**8.** Il n'est pas permis d'écarter à deux fois, c'est-à-dire que du moment que l'on a touché le talon, après avoir écarté tel nombre de cartes qu'on a jugé à propos, on ne peut plus les reprendre, et cette loi regarde également les deux joueurs. La même raison a fait recevoir de tous les joueurs la présente règle.

**9.** Il n'est point permis à aucun des deux joueurs de regarder les cartes qu'il doit prendre, en les étendant avant que d'écarter ; c'est pourquoi lorsque celui qui a la main ne prend pas ses cinq cartes du talon, il doit dire à son adversaire : je n'en prends que tant, ou j'en laisse tant. La même raison a fait établir cette règle, qui est généralement reçue, afin de lever le prétexte que l'on pourrait avoir lorsqu'on est dernier, de dire que l'on ne sait pas le nombre de cartes qui restent au talon ; le premier ayant pu en laisser.

**10.** Celui qui a écarté moins de cartes qu'il n'en prend, et s'aperçoit de sa bévue, avant que d'en avoir retourné aucune, ou mis sur les siennes, est reçu à remettre ce qu'il a de trop, sans encourir aucune peine, pourvu néanmoins que son adversaire n'ait point pris les siennes ; car, s'il les avait prises et vues, il lui serait loisible de jouer le coup ou de refaire ; et si le coup se jouait, la carte de trop serait mise à l'un des deux écarts, après avoir été vue des deux joueurs.

Ce coup, qui a été longtemps disputé, a été enfin décidé selon les droits de la justice ; puisque par cette décision on a mitigé la punition : de sorte que, quoique celui qui fait la faute ne soit pas puni avec toute la rigueur que l'est celui qui a trop de cartes, n'étant pas tout à fait dans le cas, à cause qu'il se déclare avant que de voir sa rentrée, devant même que de la joindre à son jeu, et qu'il n'y a, par conséquent, pas de mauvaise foi à punir , cependant , comme il a fait faute, il est de la justice que celui à qui cette carte serait allée, et qui aurait pu rendre son jeu bon, soit le maître de s'y tenir ou de tout refaire. Les joueurs qui jugent les coups par la raison et sans prévention, trouvent cette règle fort bien établie, et l'admettent comme elle est.

**11.** Si celui qui donne deux fois de suite, reconnaît sa faute avant d'avoir vu aucune de ses cartes, son adversaire sera obligé de refaire, encore même qu'il ait vu son jeu.

Cette règle est conforme à l'équité, puisque chacun doit faire à son tour, et que celui qui mèle ne peut pas agir en cela de mauvaise foi, dès qu'il en avertit avant que de voir son jeu.

**12.** Quand le premier accuse son point, et que l'autre lui ayant répondu : cela est bon, il s'aperçoit ensuite en examinant mieux son jeu, qu'il s'est trompé, pourvu qu'il n'ait point joué, il est reçu à compter ce qu'il a de bon, et efface ce que le premier aurait compté, encore que ledit premier eût commencé à jouer.

Il y a bien des joueurs qui admettent que lorsque l'on a accusé son point, il faut s'y tenir, ne pouvant point l'augmenter, mais bien le diminuer, si l'on s'aperçoit n'en avoir pas autant que l'on avait d'abord accusé; je serais bien de leur sentiment là - dessus, particulièrement si cela arrivait souvent; il n'en est pas de même à l'égard des tierces, quatrièmes, etc., quatorze et trois as, etc.; on peut toujours y revenir jusqu'à ce que l'on ait joué, excepté, par exemple, si un joueur avait trois as ou choses semblables, et qu'il demandât si trois valets sont bons, pour découvrir si son adversaire a trois dames, qu'il pourrait avoir, il ne saurait revenir à compter ce qu'il a de bon. Il en est de même d'une tierce supérieure si l'on demandait d'une de beaucoup inférieure la même chose.

Cette règle regarde les deux joueurs, et elle a lieu partout à l'égard des tierces, quatrièmes, etc., quatorze, trois as, trois rois, etc.; mais à l'égard du point, bien des joueurs ne l'admettent pas, à cause qu'il pourrait y avoir de la surprise, en faisant découvrir par-là à son adversaire le côté dont il a son point qu'il pourrait avoir des deux côtés; si cependant le coup arrivait une fois par hasard, il pourrait y revenir; au lieu que si cela arrivait plusieurs fois, on pourrait obliger un joueur, sujet à se méprendre, à s'en tenir au premier point qu'il accuserait, la loi étant égale d'ailleurs.

**13.** Celui qui, pouvant avoir quatorze d'as, de rois, de dames, de valets, ou de dix, en écarte une de celles-là, et n'accuse par conséquent que trois as, trois rois, trois dames, trois valets ou trois dix, et qu'on lui a dit qu'ils sont bons : celui-là, dis-je, est obligé de dire à son adversaire laquelle de ces cartes manque, pourvu qu'il le lui demande aussitôt qu'il a joué la première carte de son jeu.

Cette règle est établie afin d'éviter l'embarras que causerait la nécessité où l'on serait d'établir ses quatorze ou trois as, rois, etc.

**14.** S'il arrivait que le jeu de cartes se rencontrât faux, c'est-à-dire, qu'il y eût deux dix, ou deux autres cartes d'une même façon, ou qu'il y eût une carte de plus ou de moins, le coup seulement demeurerait nul ; les précédents, s'il y en avait de joués, seraient cependant bons.

Cette règle porte en elle-même la raison pour quoi elle est faite, n'y ayant point de jeux où l'on joue les coups faux.

**15.** Si en donnant les cartes, il s'en trouve une de retournée, il faut rebattre, et recommencer à les couper et à les donner, à cause du jeu dans lequel elle peut se trouver, et de l'avantage que pourrait en tirer l'adversaire.

**16.** S'il se rencontre une carte retournée au talon, le coup est bon, pourvu que ce ne soit pas la carte de dessus, ou bien la première des trois que le dernier doit prendre ; et s'il y en avait deux, il faudrait refaire.

Ce coup, qui a été le sujet de tant de disputes, a été décidé de la sorte par les plus habiles joueurs, et leur raison est que la carte tournée qui est au milieu des cartes du talon, ne saurait être vue, si celui qui la prend, veut prendre garde à son jeu ; d'ailleurs, quand même elle

serait vue, elle ne le serait qu'après que les
écarts sont faits, ce qui ne saurait plus changer
le jeu, et par conséquent y préjudicier.

**17.** Celui qui accuse faux comme de dire :
j'ai trois ou quatre as, rois, dames, valets ou dix,
qu'il pourrait avoir même, et qu'il n'a cependant pas, ne compte pour rien du tout ce qu'il
a dans son jeu, à moins qu'il ne se reprenne
avant de jeter la première carte ; car s'il a joué
seulement une carte, et que son adversaire s'a-
perçoive d'abord, ou au milieu, ou à la fin du
coup, qu'il a compté faux, il l'empêche non-seulement de rien compter de son jeu, mais il
compte encore tout ce qui est dans le sien, et
que l'autre ne peut point parer ; il en est de
même de celui qui, au lieu de compter quatorze
d'as, ou de rois, etc., ou trois de quelque chose,
compterait à la place ce qu'il n'aurait pas, comme
au lieu des as, compterait des rois.

Il est aisé de comprendre que cette règle n'a
été faite que pour punir la mauvaise foi de ceux
qui, sous prétexte de se tromper, pourraient
compter ce qu'ils n'auraient pas, et qu'ils pourraient avoir ; et il faut punir comme mauvaise
foi tout ce qui peut être soupçonné l'être, la
moindre apparence étant punie au jeu.

**18.** Toute carte lâchée, et qui a touché le
tapis, est censée jouée. Si pourtant on n'était
que le second à jouer, et qu'on eût couvert une
carte de son adversaire qui ne fût pas de même

couleur, et qu'on en eût dans son jeu, en ce cas il est permis de la reprendre pour fournir de la même peinture ; ne pouvant pas renoncer, il n'y a aucune peine pour cela ; mais si, n'ayant pas de la couleur jouée, on jetait par mégarde une carte au lieu d'une autre, il ne serait plus permis de la reprendre dès qu'elle est lâchée de la main.

Personne ne s'est jamais opposé à cette règle, puisque, n'y ayant point de triomphe à ce jeu, il ne saurait y avoir de renonce.

**19.** Celui qui, pour voir les cartes que laisse le dernier, lorsqu'il en laisse, dit : *Je jouerai de telle couleur*, et qui ensuite, jouant ne jette pas de la couleur qu'il s'était obligé, il dépend de son adversaire de lui faire jouer de la couleur qu'il trouvera à propos.

La punition imposée à ce coup est pour empêcher qu'il ne se passe rien au jeu qui ait apparence de mauvaise foi.

**20.** Celui qui par mégarde tourne ou voit une carte du talon, doit jouer de la couleur que son adversaire voudra autant de fois qu'il aurait vu de cartes ; une fois, s'il n'y a eu qu'une carte tournée ; deux, s'il y en a eu deux ; etc.

Cette règle regarde le dernier dont le premier a vu quelques cartes ; car si le dernier voyait ou tournait le talon du premier, il serait libre au premier de jouer le coup, ou de refaire après avoir vu son jeu.

2.

C'est sans doute cette règle qui fait le plus de bruit au jeu de piquet, et pour laquelle les plus habiles joueurs ont été si longtemps partagés; et je ne conçois pas que l'on puisse condamner un homme qui a tourné ou vu une carte au talon.

Tous les joueurs fameux sont du même avis, et la seule raison naturelle leur en sert de preuve.

**21.** Celui qui, ayant laissé une carte au talon, la mèle à son écart avant que de l'avoir montrée à son adversaire, peut être obligé par lui, après qu'il lui a nommé la couleur dont il commencera à jouer, de la lui montrer, pourvu qu'il ne la mêle point à son écart.

Cette règle est dans la justice, puisque, dès que le dernier a vu la carte qu'il laisse, son adversaire est en droit de la voir, dans le doute il est juste qu'il les voie toutes.

**22.** Qui reprend les cartes dans son écart, ou est surpris à en changer, ou fait autres tours, perd la partie. La peine de cet article ne saurait être assez forte.

**23.** Qui quitte la partie avant qu'elle ne soit finie, la perd, à moins que de grandes affaires ne l'obligent à quitter; il faut, en ce cas, que ce soit d'un mutuel consentement qu'elle soit remise.

C'est pour prévenir les abus qui se glisseraient tous les jours par ceux qui, voyant la partie mauvaise, voudraient la renvoyer, afin d'éviter ensuite de la finir.

**24.** Celui qui, croyant avoir perdu, jette ses cartes qu'on brouille avec le talon, perd en effet la partie, encore qu'il s'aperçoive après qu'il s'est mépris; mais si rien n'est mêlé, il peut y revenir, pourvu que l'autre n'ait pas brouillé son jeu.

De même s'il arrive, à la fin d'un coup, qu'un joueur ayant en sa main deux ou trois cartes, et croyant que son adversaire les a plus hautes, il les jette toutes ensemble, si celui qui joue contre lui jette alors ses cartes, il lève pour lui, quoique ses cartes soient inférieures, et le premier ne peut revenir, perdant en effet les cartes qui lui restent.

Cette règle est fort bien établie, puisque celui qui aurait besoin de son écart pour achever, n'aurait qu'à céder la partie, s'il lui était permis de reprendre son jeu qui serait brouillé, et prendre par là les cartes dont il aurait besoin, et la vivacité de celui qui cède ses cartes, en comptant que son adversaire en a de plus hautes, ne mérite pas une moindre punition.

**25.** Celui qui, étant dernier, écarterait et prendrait les cartes, avant que le premier ait eu le temps de faire son écart, et les aurait mêlées à son jeu, perdrait la partie, s'il jouait au cent, et le grand coup, s'il jouait en partie, mais si le premier avait eu le temps d'écarter, et qu'il eût attendu que le dernier eût pris ses cartes, se croyant être le dernier, le coup sera bon, et celui qui est de droit le premier commencera à jouer.

Cette règle ne peut être trop rigide dans le premier cas, puisque la mauvaise foi est manifeste dans celui qui se hâte de faire son écart pour prendre, au lieu que dans le second cas, c'est précisément la faute du premier, qui doit savoir que c'est à lui à en prendre cinq.

**26.** Quand on n'a qu'un quatorze en main qui doit valoir, on n'est pas obligé de dire c'est d'as, de rois, de dames, etc. : on dit seulement quatorze ; mais si on peut en avoir deux dans son jeu, et qu'on n'en ait qu'un, ayant écarté une carte ou deux qui vous réduisent à un seul, alors on est obligé de nommer le quatorze que l'on a.

Cette règle est naturelle, en ce que celui qui n'a qu'un quatorze à craindre, doit nécessairement savoir quel est celui que l'adversaire accuse ; au lieu qu'il n'en est pas de même s'il en a deux, pouvant en avoir un de bon, et un plus bas qui ne vaudrait pas.

# PIQUET A ÉCRIRE.

## Manière de jouer le piquet à écrire et de le compter.

### ARTICLE PREMIER.

CETTE manière de jouer le piquet est fort en usage ; on y peut jouer trois, quatre, cinq, six et sept personnes. Il n'y a cependant que deux de ces joueurs qui jouent à la fois, et tous les autres alternativement.

**2.** Lorsque l'on joue au malheureux, celui qui est marqué continue à jouer, et celui qui marque est relevé par celui des joueurs qui attend que l'un des joueurs sorte le coup fini, chacun se relevant à son tour ; au lieu que, lorsqu'on joue à tourner, on commence par un côté, et l'on tourne toujours du même côté, par exemple, je commencerai la partie avec le même joueur qui sera à ma droite : après que nous aurons joué notre coup, il jouera encore un coup avec le joueur de sa droite, et ainsi des autres; c'est la manière la plus égale de jouer ce jeu.

**3.** Avant de commencer à jouer, il faut convenir combien l'on jouera de rois et de tours, si c'est six, neuf ou douze rois plus ou moins ; un roi, c'est deux tours, et un tour c'est deux coups ; on l'appelle encore *Ide* en plusieurs provinces. Il faut, pour qu'un tour soit joué, que chacun des deux joueurs ait mêlé une fois ; l'on convient ensuite que la valeur de chaque point, soit 5 centimes, 10 centimes ou davantage si l'on veut ; on voit après à qui fera.

On joue du reste selon les règles du piquet : chacun des deux joueurs fait une fois seulement, et l'on compte à demi-tour les points que l'on fait de plus que son adversaire, en les marquant avec des jetons : par exemple, on suppose que du premier coup l'un des deux joueurs ait fait vingt points, et son adversaire dix : ce sont dix points que le premier a contre l'autre, et qu'il marque avec des jetons, jusqu'à ce que le second coup soit joué : si, dans ce second coup, celui qui a les dix points sur l'autre n'en faisait encore que dix, et que son adversaire en fît quarante, ce serait vingt points que celui-ci aurait plus que lui de ce second coup, parce que de quarante points il faudrait en rabattre vingt ; savoir, dix du coup précédent ; et dix du second coup ; par conséquent il resterait vingt points que l'on écrirait pour le perdant et ainsi des autres coups.

Cependant, comme l'idée qu'on vient d'exposer n'est pas suffisante, nous donnons ci-après une table qui apprendra la manière dont doivent marquer ceux qui perdent : observez seulement que tous les points qui se trouvent au-dessous de cinq ne sont comptés pour rien, et que cinq on six points au-dessus valent dix.

Par cette raison, quinze points en vaudront contre le marqué autant que vingt-quatre, c'est-à-dire qu'ils seront marqués pour vingt, et ainsi des autres. Si l'on est trois joueurs, l'on fait trois colonnes : à la tête de chacune on met le nom d'un joueur, laquelle on marque à mesure qu'il est marqué.

## TABLE

**QUI MARQUE DOUZE ROIS OU DOUZE TOURS JOUÉS.**

| AUGUSTE. | ADOLPHE. | PAULIN. |
|:---:|:---:|:---:|
| 30 | 30 | 60 |
| 40 | 40 | 100 |
| 100 | 30 | 30 |
| 30 | 50 | 90 |
| 70 | 50 | 70 |
| 90 | 60 | 100 |
| 50 | 30 | 30 |
| 60 | 80 | 30 |
| Addition. | Addition. | Addition. |
| 470 | 370 | 510 |

Voilà donc les colonnes de chaque joueur marquées des points qu'ils ont perdus dans le cours
des douze rois qu'ils ont joués. Il faut, après
cela, additionner chaque colonne pour voir à
combien les points montent, et les ranger comme
on va le voir.

Additions des points des joueurs.

Auguste........... 470 points.
Adolphe.......... 370
Paulin ........... 510

Total 1350 points qu'il faut diviser entre trois personnes : ce qui fait pour chacun 450 points. Cette division étant faite, chaque joueur prend sa rétribution, de manière qu'Adolphe, qui n'a que 370 points, en reprenne 80, parce qu'il lui manque ce nombre pour se remplir des 450, qui font son tiers dans 1350 points ; ainsi, Auguste, qui est marqué de 470 points, perd 20 points, à cause qu'il a ce même nombre au-dessus de 450 ; et, par la même raison, Paulin perd 60 points, ayant ce même nombre au-dessus de 450 : lorsqu'il y a quelque dizaine de surnuméraire, elle est au profit de celui qui perd le plus. .

Observez encore que l'on paie ordinairement une consolation à ce jeu, qui est de 20 par marqué, plus ou moins, ainsi qu'on en convient ; en sorte que, si elle est de 20, le joueur qui est marqué de 50 par le jeu, est marqué de 50 en perte, et ainsi des autres.

**4.** On peut jouer d'une manière moins embarrassante le piquet à écrire, et voici comment :

Chaque joueur prend la valeur de six cents marques en cinq fiches et dix jetons ; chaque fiche vaut dix jetons, et chaque jeton est compté pour dix marques ; de façon qu'un joueur marqué de trente, en mettant trois jetons, paie. On joue du reste le jeu de la même façon qu'en écrivant. On peut jouer un contre un, se payant ce dont l'on est marqué l'un à l'autre ; l'on fait la consolation aussi forte que l'on veut.

On joue encore également ce jeu deux contre deux ; ce sont même les parties ordinaires, ou deux contre un ; on appelle celui qui joue seul contre deux, la *Chouette*.

Pour toutes ces façons de jouer, vous aurez recours aux règles, qui sont les mêmes pour tout ce qu'on appelle piquet.

# PIQUET NORMAND.

### ARTICLE PREMIER.

On le joue à trois personnes. La manière de jouer, celle de compter, la valeur et le nombre de cartes sont les mêmes qu'au jeu de piquet à deux.

**2.** Il est d'usage de tirer à qui fera; ensuite celui qui mêle fait couper son voisin de gauche, et distribue les cartes par *deux et trois*, jusqu'au nombre de dix; il ne doit point en donner *quatre* à la fois.

**3.** Il restera deux cartes au talon qui pourront être échangées par celui qui a donné, dans le cas où cela lui paraîtrait avantageux.

**4.** Si le premier à jouer atteint, en comptant ses cartes, le nombre de *vingt*, sans avoir jeté une carte sur le tapis, et avant que les autres joueurs aient rien compté, il comptera *quatre-vingt-dix*; mais s'il atteint ce nombre seulement, après avoir jeté une ou plusieurs cartes, il ne pourra compter que soixante.

**5.** Il sera compté *dix* pour les cartes par celui qui aura fait le plus grand nombre de levées.

**6.** Le capot est assez commun à ce jeu ; mais quoique valant quarante points, comme au piquet, il se partage entre les deux autres joueurs qui marquent chacun *vingt* points. Cependant si l'un des trois joueurs faisait les deux autres capots, il aurait à marquer *quarante* points.

**7.** Celui des trois joueurs qui a atteint le nombre de points fixé pour la partie doit se retirer ; les deux autres continuent ensemble à qui gagnera ; celui qui succombe est le perdant.

# PIQUET VOLEUR.

### ARTICLE PREMIER.

N le joue à *quatre*. Les cartes doivent être distribuées par trois et deux, jusqu'à huit. Il ne reste alors rien au talon ; les joueurs sont deux contre deux. Il est d'usage que les joueurs du même parti ne soient point placés l'un contre l'autre.

**2.** Le premier à jouer doit accuser son jeu, son point, etc., comme au piquet ordinaire. S'ils sont bons, son partenaire comptera tout ce qu'il a d'avantageux, sans que les deux autres puissent compter quelque chose pour l'emporter contre ce qui a été annoncé par le premier à jouer ; alors celui-ci commence le jeu, et si sa réunion de levées est plus forte, il comptera *dix* pour les cartes et quarante dans le cas où les deux autres joueurs seraient capots.

**3.** Toutes les règles du piquet ordinaire sont les mêmes pour les autres jeux ; en cas de contestation, elles devront servir à décider du droit des joueurs.

# RÈGLES DE L'ÉCARTÉ.

**Du jeu de l'écarté en général.**

**ARTICLE PREMIER.**

L'ÉCARTÉ se joue entre deux personnes, avec un jeu de trente-deux cartes, comme le piquet.

**2.** Il est d'usage d'avoir deux jeux de cartes, avec lesquels on alterne. Le restant des cartes du jeu dont on se sert, dit le *talon*, se place à la droite de celui qui donne; l'autre jeu entier se place à sa gauche.

**3.** Il y a ordinairement un ou plusieurs rentrants.

**4.** Jouer avec des rentrants s'appelle vulgairement faire un *cul-levé*.

**5.** La partie se joue en cinq points, à moins de convention contraire.

**De la main et de la coupe.**

**6.** On tire d'abord la main : cela se fait en coupant le jeu et découvrant la dernière carte de la coupe, l'adversaire en fait autant avec ce qui reste de cartes.

**7.** Celui qui ne découvre point la carte de sa coupe, est censé avoir coupé la plus basse carte de toutes.

**8.** Celui qui, en coupant, découvre deux cartes, est censé avoir coupé la plus basse des deux.

**9.** Celui qui a coupé la carte supérieure, a la main. Dans la plupart des jeux, celui qui a la main reçoit des cartes ; à l'écarté, c'est le contraire : il y a une sorte d'avantage à donner, à cause du roi, dont nous parlerons plus loin.

**10.** En partie liée, la main suit comme dans tous les autres jeux. Une partie liée n'est qu'une seule et même partie composée de deux ou trois ; il faut en gagner deux pour gagner la partie.

**11.** La main est bien tirée, même avec un jeu de cartes faux (1).

**12.** Voici l'ordre de supériorité des cartes : le *roi*, la *dame*, le *valet*, l'*as*, le *dix*, le *neuf*, le *huit* et le *sept*.

### De la donne, de la mal-donne et des cartes retournées.

**13.** Celui qui a la main mêle le jeu, fait couper son adversaire, et ensuite donne dix cartes,

(1) Un jeu de cartes faux est un jeu auquel il manque une ou plusieurs cartes, ou dans lequel il se trouve une ou plusieurs cartes doubles.

cinq à l'un, cinq à l'autre. Il les distribue par trois et deux, ou deux et trois à sa volonté, en commençant par son adversaire, retourne la onzième, et place à sa droite le restant des cartes, qui s'appelle le *talon*.

**14.** Tout le temps que dure la partie, on est obligé de donner comme on a commencé, par trois et deux, si l'on a commencé par trois et deux ; par deux et trois, si l'on a commencé par deux et trois.

**15.** S'il y a une ou plusieurs cartes retournées dans le jeu, et que l'on s'en aperçoive à la première donne, et avant d'avoir vu son jeu, le coup est nul, à moins que la carte retournée ne soit la onzième : comme son sort est d'être retournée, cela ne peut apporter aucun changement à la partie.

**16.** Si l'on ne s'en aperçoit qu'après écart, et que la carte ou les cartes retournées reviennent à celui qui donne, le coup est bon, et la carte ou les cartes retournées se donnent à qui elles reviennent de droit. Si, au contraire, une seule carte retournée revient à celui qui reçoit les cartes, il peut, à son choix, tenir le coup pour bon, ou le recommencer. La raison en est que la faute étant du fait de celui qui donne, ce dernier doit seul en souffrir.

**17.** Il arrive quelquefois que celui qui donne, retourne une ou plusieurs cartes en donnant. Si c'est de son jeu, le coup est bon, puisque cette connaissance d'une ou plusieurs cartes de son jeu, acquise par son adversaire, ne peut être préjudiciable qu'à lui, et que, par cela même, il subit la peine de sa faute : si c'est du jeu de son adversaire, il finit la donne, et l'adversaire a la faculté de tenir le coup pour bon, ou de recommencer. Quelques personnes prétendent que, dès qu'il y a une carte de vue, il faut redonner, et ce en vertu du vieux dicton : *carte vue, carte rebattue.* Elles ont tort : un joueur peu délicat, qui connaîtrait des cartes dans un jeu pourrait retourner une ou plusieurs cartes, dès qu'il s'apercevrait qu'il a donné ou qu'il donne de belles cartes à son adversaire, et il en serait quitte pour redonner.

**18.** Lorsqu'un joueur donne à la place de l'autre, et que l'on s'en aperçoit avant d'avoir retourné, on recommence le coup. Si l'on ne s'en aperçoit qu'après que la retourne est connue et avant d'avoir joué ou écarté, le jeu, tel qu'il est, est mis en réserve pour le coup suivant, et l'on prend l'autre jeu pour jouer le coup. Si l'on ne s'en aperçoit qu'après que l'on a joué ou écarté, le coup est bon.

**19.** Quand il y a mal-donne d'emblée, et que l'on s'en aperçoit avant que les cartes données aient été vues par aucun des deux joueurs, on répare l'erreur en rétablissant l'ordre de distribution.

**20.** Si celui qui reçoit les cartes s'aperçoit qu'il

en a reçu moins qu'il n'en a demandé, et ce, avant que celui qui donne ait vu ses cartes, on répare l'erreur en rétablissant l'ordre de distribution.

**21.** Si les cartes ont été vues des deux joueurs, et que celui qui donne ait une ou deux cartes de moins, son adversaire peut, à son choix, lui laisser prendre la première ou les deux premières du talon, ou recommencer le coup en prenant la main ; si celui qui donne a une carte de plus, son adversaire peut, à son choix, tirer de son jeu une carte au hasard, ou recommencer le coup en prenant la main.

**22.** Si c'est le premier à jouer qui a une ou deux cartes de moins, il peut, à son choix, prendre la première ou les deux premières du talon, ou recommencer le coup en prenant la main; s'il a une ou deux cartes de trop, il peut, à son choix, en écarter une ou deux, ou recommencer le coup en prenant la main.

**23.** Si néanmoins il était prouvé que la faute ne vînt pas de celui qui donne, comme dans le cas où le premier en carte aurait demandé trois cartes et n'en aurait écarté que deux, ou bien n'aurait demandé que deux cartes et en aurait écarté trois, alors le premier à jouer perdrait un point, et ne pourrait compter le roi.

**24.** Celui qui, après donne sur écart, joue avec plus de cinq cartes, perd un point, et perd, en outre, le droit de marquer le roi.

**25.** Quand celui qui donne retourne deux ou

plusieurs cartes au lieu d'une, l'adversaire peut, à son choix, ou rétablir la retourne telle qu'elle doit être, sans aucun changement au talon, ou la rétablir en mettant la carte vue tout à fait sous le talon, ou recommencer le coup.

### Du roi et de la retourne.

**26.** Celui qui retourne un roi, gagne et marque un point ; celui qui a dans son jeu le roi de la couleur de la retourne, gagne et marque un point :

**27.** Il faut annoncer le roi avant de le jouer, en disant : *J'ai le Roi* ; on peut aussi l'annoncer après l'avoir joué, mais il faut 1º qu'il ait été joué en premier ; 2º qu'il n'ait point été couvert par la carte de son adversaire ; autrement on ne peut marquer le point.

**28.** Cela ne s'applique qu'au premier à jouer ; le second doit toujours annoncer le roi, avant de le jouer ; mais dans son intérêt, ne l'annoncer qu'après que son adversaire a joué sa première carte.

**29.** La couleur de la retourne se nomme *atout* ; l'atout emporte toutes les autres couleurs.

### De la manière de jouer.

**30.** Celui qui a reçu des cartes, joue le premier.

**31.** On est tenu de jouer de la couleur annoncée : ainsi celui qui, en jouant, dit *cœur* et jette du *trèfle*, ou toute autre couleur, est tenu, si son adversaire l'exige, de reprendre la carte jouée, et de jouer de la couleur annoncée.

**32.** Si l'adversaire juge que la carte jouée lui est plus favorable que la couleur annoncée, il couvre la carte ; et la carte, une fois couverte, ne peut être reprise pour en jouer une autre.

**33.** Celui qui joue avant son tour, n'est tenu que de reprendre sa carte, si elle n'est pas couverte ; mais si elle est couverte, le coup est bon. Dans ce dernier cas, comme dans le précédent, les deux joueurs étant fautifs, l'un d'avoir joué, l'autre de l'avoir laissé jouer avant son tour, il n'y a personne à punir.

### De l'écart.

**34.** Si le premier à jouer n'est pas content de ses cartes, il propose, en disant : *j'écarte*, ou *je propose*, ou *si Monsieur veut*, ou toute autre formule équivalente : si le second à jouer n'est pas non plus content de ses cartes, il accepte la proposition en disant : *Combien ?* Ensuite, il donne à l'autre autant de cartes qu'il lui en demande, et en prend ensuite pour lui autant qu'il en désire, et ce, jusqu'à concurrence de cinq cartes.

**35.** Une fois qu'on a demandé des cartes, on ne peut plus les refuser.

**36.** Si, après cette seconde donne, le premier à jouer n'est pas encore content de ses cartes, il peut en demander d'autres, et de même après la troisième donne et chaque donne suivante, jusqu'à l'épuisement des trente-deux cartes, mais l'adversaire est toujours libre d'accepter ou de refuser.

**37.** Chaque joueur, avant chaque nouvelle donne, jette, du côté opposé au talon, les cartes qu'il veut écarter ; les deux écarts se mèlent ensemble. L'écart fait, on ne peut demander plus ou moins de cartes qu'on n'en a d'abord demandé, ni même toucher à celles qu'on a écartées.

**38.** Il arrive quelquefois qu'après plusieurs donnes sur écart, le premier ayant demandé encore des cartes, et le second ayant répondu inconsidérément : *Combien ?* il n'en reste pas assez pour satisfaire la demande du premier.

Dans ce cas, celui qui a demandé n'est pas moins tenu de prendre des cartes ; mais, comme il ne peut en exiger plus qu'il n'y en a, il reprend dans son dernier écart, s'il est fait, ce qu'il a écarté de trop.

**39.** Celui qui regarde son écart, est obligé de jouer à jeu découvert.

**40.** Quand, *après la première donne*, le premier à jouer propose, si l'autre refuse, celui qui a refusé perd deux points s'il ne fait pas trois levées.

**41.** De même, quand le premier à jouer joue

*sans avoir proposé*, il perd deux points s'il ne fait pas trois levées.

**42.** Celui qui, donnant après écart, retourne comme s'il donnait d'emblée, ne peut refuser un second écart, lorsque son adversaire le demande.

### Du point et de la vole.

**43.** On ne peut faire plus de deux points à la fois, à moins qu'on n'ait le roi. Faire deux points sans le roi, ou trois points avec le roi, s'appelle *faire la vole.*

### De la renonce et sous-force.

**44.** On ne peut ni renoncer (1), ni sousforcer (2).

**45.** Lorsqu'un des joueurs a renoncé ou sousforcé, dès l'instant qu'on s'en aperçoit, chacun reprend ses cinq cartes, et l'on rejoue ; mais celui qui a ou renoncé ou sous-forcé, ne gagne qu'un point, s'il fait la vole, et ne gagne rien, s'il fait le point.

(1) Renoncer, c'est ne pas jouer de la couleur demandée quand on en a.

(2) Sous-forcer, c'est donner de la couleur demandée, mais dans une carte inférieure à celle qu'on a ; c'est, par exemple, jouer un sept de cœur sur un dix de cœur, tandis qu'on a l'as de cœur.

## Règles générales.

**46.** Pour que la coupe soit bonne, à ce jeu comme à tout autre, il faut laisser au moins deux cartes au talon.

**47.** Chaque joueur a le droit de demander des cartes neuves quand il lui plaît.

**48.** Quand un joueur prend les levées qui ne lui appartiennent pas, et les compte pour lui, la galerie a le droit d'en faire l'observation.

**49.** La galerie a en général le droit d'avertir de toute erreur qui, si elle était faite à dessein, serait une fraude.

**50.** Celui qui, sous quelque prétexte que ce soit, regarde les levées de son adversaire, est tenu de finir le coup à jeu découvert.

**51.** Toute carte échappée d'un jeu et tombée sur le tapis, n'est censée jouée qu'autant qu'elle est couverte ou qu'elle couvre en tout ou en partie la carte déjà jouée par l'adversaire.

**52.** Si un joueur, par méprise ou par humeur, a jeté et mêlé ses cartes, l'adversaire marque deux points.

**53.** Celui qui quitte la partie la perd ; mais, s'il y a des paris, l'adversaire est tenu de la continuer avec quelqu'un de la galerie, dans l'intérêt des parieurs.

**54.** Quand le jeu de cartes est faux, le coup où l'on s'en aperçoit, est nul : mais tous les coups précédents sont bons.

## Des paris.

**55.** Celui qui parie avec un des joueurs, peut conseiller celui pour lequel il parie.

**56.** Quand on parie à charge de revanche, la revanche n'est forcée que pour le gagnant.

Le perdant n'est pas obligé de la prendre.

**57.** Les joueurs ont le droit de tenir les paris de préférence à la galerie.

**58.** Les paris étant non de droit, mais de fait, il faut les renouveler à chaque partie.

**59.** Tous les cas non prévus dans les présentes règles, doivent toujours être décidés contre le joueur qui a fait une faute.

# RÈGLES DE L'IMPÉRIALE.

---

### Du mélange des cartes.

#### ARTICLE PREMIER.

Les cartes sont mêlées de façon que les adversaires ne puissent apercevoir les couleurs.

### Du tirage des mains et de ses suites.

**2.** La main, quoique tirée dans un jeu faux, est bien tirée.

**3.** Celui qui, en tirant la main, ne fait pas voir la carte qu'il a tirée, ou la remet sur le talon sans l'avoir exhibée, est censé avoir tiré un sept.

**4.** La première carte qui a été vue en tirant la main, est celle qui donne ou fait perdre la primauté.

**5.** Si en tirant la main, une carte tombe sur le tapis, la couleur à découvert, elle compte.

**6.** La main est bien tirée, quand même il se

trouverait des cartes retournées dans le jeu, si on ne s'en aperçoit qu'après le coup.

**7.** Si la carte tirée se trouve sur une retournée, on est obligé d'en retirer une autre ; celle tirée par l'adversaire est bonne.

**8.** Quand deux joueurs tirent une carte semblable, la main se retire de nouveau ; si la carte déjà présentée par l'un d'eux est encore par lui retirée, elle ne vaut rien.

### De la coupe des cartes, et des suites.

**9.** Lorsque la coupe n'est pas nettement faite et qu'il y a des cartes vues, on refait.

**10.** La coupe doit être faite par les côtés, et non par les bouts du jeu.

**11.** Celui qui, au lieu de couper, remêle les cartes qui l'ont déjà été par l'autre joueur, lui donne la liberté de refaire avec un autre jeu.

### De la donne.

**12.** Les cartes doivent être données deux par deux ou trois par trois, au choix des joueurs : et l'on ne peut, dans le courant d'une partie, changer la façon de donner ; on le peut pour la partie suivante. Si celui qui donne contrevient à cette règle, l'adversaire peut refaire ; il n'a pas ce droit, s'il a porté son jeu ou partie d'icelui à vue.

**13.** Lorsqu'un joueur donne deux fois de suite, la galerie peut en faire l'observation, avant comme après la retourne ; et le coup entamé ou à sa fin, est nul de droit ; si les cartes sont rassemblées, le coup est bon.

### De la mal-donne.

**14.** Celui qui donne est tenu, avant de retourner la carte qui doit constater l'atout, de s'assurer du talon : s'il retourne sans avoir observé cette formalité, et qu'il y ait mal-donne, il perd l'avantage de faire ; le coup est nul et l'adversaire fait.

### De la retourne.

**15.** Celui qui retourne, au lieu de la vingt-cinquième, la vingt-sixième ou vingt-septième carte, fait faute ; son adversaire, dans ce cas, peut voir son jeu, et s'y tenir ou refaire ; s'il s'y tient, il fait retourner la carte qui devait l'être.

**16.** Si la vingt-cinquième carte se trouve naturellement retournée, elle est bonne, et le coup se joue.

### De celui qui regarde au talon.

**17.** Quand un joueur regarde ou retourne une des cartes du talon, l'adversaire a le droit de s'y tenir ou de faire refaire ; mais, si cette faute a lieu quand un des deux a porté ou son jeu ou partie à vue, ou quand le coup est en train, on ne refait pas, celui qui a fait cette faute est obligé de jouer, une fois seulement, de la couleur qu'on lui demande.

### Ce qui fait gagner un point.

**18.** Le roi, la dame, le valet, l'as ou le sept d'atout valent un point à celui qui les gagne, ou par la retourne, ou par les levées par lui faites : le point reconnu bon, et chaque levée que l'on fait au-dessus de six valent aussi un point; six de ces points forment une Impériale, qu'on marque en retirant les points qu'on a, et en faisant démarquer ceux que l'adversaire se trouverait avoir à ce moment.

### Du point.

**19.** Le premier ne peut plus dire : Je passe le point à quatre cartes. Il faut qu'il accuse au moins trois cartes : et si le dernier veut les trouver bonnes, il en est le maître.

**20.** Quand le point est une fois accusé, si l'adversaire y a répondu, on ne peut revenir pour en accuser un plus fort ; et l'adversaire, ayant répondu à l'accusation, ne peut de même revenir à un plus fort.

**21.** Lorsque le point reconnu bon n'a pas

été mis en évidence, l'adversaire et la galerie doivent en demander l'exhibition, avant comme après plusieurs cartes jouées.

**22.** Si le point est égal, le premier en carte l'emporte sur le dernier, et le marque.

**23.** Quand le premier en carte ne veut accuser ni montrer aucune espèce de point, le dernier, en couvrant la première carte jouée, est libre de dire : Voilà mon point ; et il le marque.

### Des impériales.

**24.** Les quatre rois, quatre dames, quatre valets, quatre as ou quatre sept, et les quatrièmes majeures de chaque couleur valent une Impériale à celui qui les a dans son jeu.

**25.** On peut, sans faire faute, accuser et montrer, avant comme après le point, les Impériales en main : mais si l'on a joué seulement une carte, on ne peut plus les compter. La galerie a le droit d'avertir le joueur qu'il oublie de les annoncer, et de les montrer avant de jouer.

**26.** Celui à qui l'adversaire exhibe une Impériale de main est tenu de démarquer les points qu'il a, excepté celui de la retourne, si c'est un marquant ; il les conserve tous, s'il a lui-même une Impériale.

**27.** Lorsqu'un joueur montre une Impériale par le point, par les marquants ou par le plus de levées, le point gagné par la retourne s'efface comme les autres.

### Des impériales blanches.

**28.** Les cartes blanches valent deux Impériales, qui ont la primauté sur toutes les autres; mais celui qui les a, ne fait point effacer les points de son adversaire.

**29.** Si cet adversaire a lui-même des Impériales de rois, de dames, etc., il les marquera sans que celui qui a les cartes blanches soit tenu de démarquer les points qu'il a : le coup ne se joue pas, et la main passe comme s'il avait été joué.

**30.** L'Impériale de cartes blanches compte pour ceux qui parient à l'Impériale de main ; l'Impériale qu'un joueur oublie de montrer avant de jouer compte aussi pour cette sorte de partie.

**31.** Si, dans les cartes blanches, il se rencontre une Impériale d'as ou de sept, on la marque en sus des blanches; mais elles ne font point non plus démarquer les points de l'adversaire, quand même il n'aurait point d'Impériale à opposer.

### Du capot.

**32.** Celui qui fait son adversaire capot compte deux Impériales, lesquelles font démarquer les points de l'adversaire.

**33.** Lorsqu'en montrant une Impériale de main ou de point, le joueur met une carte pour une autre, l'adversaire ou la galerie doit demander la carte annoncée.

### Des droits de la galerie.

**34.** La galerie est autorisée à faire marquer le jeu de celui qui, ayant annoncé ou montré ou son point, ou des Impériales, ou des atouts marquants, oublie de les marquer.

### De jouer avant son tour.

**35.** Il n'y a pas de faute à jouer avant son tour; celui qui le fait reprend sa carte : la galerie peut avertir.

### Renonce ou sous-force

**36.** Comme à l'Écarté, on ne peut renoncer ni sous-forcer; celui qui ne fournit pas de la couleur jouée, en ayant, qui ne prend pas quand il le peut, est obligé de le faire.

### De l'obligation de dire combien de cartes du point il reste en main.

**37.** Lorsqu'un joueur, dans le courant du jeu, demande à son adversaire : Combien de cartes du point, on doit lui dire : Il en reste tant.

## Du joueur qui peut ou ne peut pas reprendre la carte par lui jouée.

**38.** Celui qui joue le premier ne peut reprendre la carte par lui jouée : le dernier ne peut pareillement reprendre la carte avec laquelle il a couvert, lorsqu'il n'en a pas une plus forte, et qu'elle est de la couleur demandée, c'est-à-dire que, si, sur un roi d'atout, il met une carte marquante, pouvant fournir un dix, un neuf ou un huit, il ne peut la reprendre ; de même, si sur un roi, n'importe de quelle couleur, il met la dame, pouvant y mettre une autre carte, cette dame est bien jouée.

**39.** Lorsqu'après avoir joué d'une couleur on en change, il faut le dire hautement : la carte de celui qui s'en dispenserait est bien jouée ; mais l'adversaire peut reprendre celle par lui fournie quelle qu'elle soit, et couvrir avec celle qui fait son avantage ; il a ce droit même après plusieurs levées faites.

**40.** Celui qui, pour savoir quelles cartes ont été jouées, vérifie les levées faites, et qui, au lieu d'elles, retourne le jeu de son adversaire, quelquefois posé sur le tapis, est obligé de jouer une fois de la couleur demandée par celui dont il a vu le jeu.

## Du pari.

**41.** Le pari au plus de levées (quand il n'y a pas de convention contraire) est pour deux coups. Celui qui a gagné le premier coup ne peut exiger moitié de la somme pariée, il faut que l'autre coup se joue. Les joueurs ont la liberté de se retirer quand ils ont gagné chacun un coup.

## Du joueur qui jette ou déchire ses cartes ou le talon.

**42.** Celui qui déchire son jeu de manière à ce qu'il ne puisse être constaté, ou le jette par terre ou dans la boîte, perd la partie seulement; mais alors on vérifie le talon ; et, le jeu déchiré ou jeté étant reconnu, la partie se joue pour la galerie, dont les intérêts ne doivent pas être sacrifiés.

**43.** Quand un joueur mêle son jeu avec le talon, il perd la partie, et, comme il n'est pas possible de constater les cartes qu'il avait, on est obligé de faire subir son sort à la galerie.

**44.** Celui qui déchire le talon, ou le jette dans la boîte ou par terre, fait faute, et l'adversaire (même après avoir vu son jeu) peut s'y tenir ou faire refaire.

**45.** Qui quitte la partie sans le consentement de son adversaire, la perd ; si la galerie s'y trouve intéressée, on la fait finir par un tiers.

# RÈGLES DE LA TRIOMPHE.

IL y a plusieurs manières de jouer à la triomphe, elles ont toutes quelque rapport ensemble, mais elles diffèrent aussi en plusieurs
choses essentielles. Voici la manière dont on joue
à Paris.

On a un jeu de cartes ordinaire ; c'est-à-dire
des cartes comme au piquet, dont la valeur est
naturelle, le roi emportant la dame, la dame le
valet ; le valet l'as ; l'as le dix ; le dix le neuf ; le
neuf le huit, et le huit le sept.

Ce jeu se joue un contre un, ou deux contre
deux, et quelquefois même trois contre trois ;
lorsque l'on joue deux contre deux ou trois contre
trois, ceux qui sont ensemble se mettent d'un
côté de la table, et les adversaires de l'autre côté.
Ils se communiquent leur jeu de la vue seulement, bien entendu ceux d'un même parti, et
jouent ensuite suivant le rang où ils sont ; enfin,
soit que l'on joue de la sorte, ou un contre un,
on commence à battre les cartes, pour voir à
qui fera, et comme c'est un désavantage de don-

ner, celui des deux partis qui coupe la plus haute carte, ordonne à l'autre de faire, ce qu'il fait après avoir mêlé les cartes et fait couper son adversaire, ou celui qui est à sa gauche; s'ils sont plusieurs, il donne à chacun des joueurs cinq cartes, et en prend autant pour lui par une fois deux et une fois trois, et ensuite tourne la première carte de dessus le talon qui fait la triomphe, et qui reste dessus le talon.

Ensuite le premier à jouer joue telle carte de son jeu qu'il juge à propos, et dont les autres joueurs sont obligés de fournir, s'ils en ont, et de lever, s'ils en ont de plus hautes, ou de couper, s'ils ont des triomphes, en cas qu'ils n'aient pas de la couleur jouée : et celui des deux ou de deux partis qui a fait trois mains ou levées, marque un jeu, et s'il faisait la vole, il en marquerait deux.

Il est loisible à l'un des partis qui a mauvais jeu, de donner le jeu à l'autre, et si le parti contraire ou le joueur adverse, lorsque l'on joue tête à tête, ne veut point l'accepter, il perd deux jeux, s'il ne fait point la vole, au lieu qu'il gagne un jeu, s'il l'accepte.

### Règles qu'on doit observer en jouant à la Triomphe.

**1**. Lorsque le jeu est faux, ou qu'il y a quelque carte tournée, on remèle, les coups précédents sont bons.

**2.** Celui qui en mêlant donne plus ou moins de cartes à l'un des joueurs, ou enfin donne mal, perd un de ceux qu'il a, s'il en a, ou le parti contraire le marque.

**3.** Celui qui entreprenant la vole ne la fait pas, perd deux jeux.

**4.** Qui joue avant son tour perd un jeu.

**5.** Celui qui en fournissant d'une couleur peut lever la carte jouée, et ne la lève pas, perd un jeu.

**6.** Qui n'ayant point de la couleur jouée peut couper et ne coupe pas, perd un jeu, encore que celui qui a joué devant lui eût compté d'une triomphe plus forte que la sienne.

**7.** Celui qui renonce perd deux jeux, il perd la partie, quand on en est convenu en commençant.

**8.** Qui quitte avant de finir la partie, la perd.

Il y a de la science à bien conduire ce jeu, et il demande plus d'attention que l'on ne pense pour être conduit comme il faut.

La partie ordinairement est de cinq jeux ou points. L'on joue autant de parties que l'on veut.

---

### AUTRE MANIÈRE DE JOUER LA TRIOMPHE.

Cette manière de jouer ce jeu est plus connue dans les provinces que la précédente : elle a généralement toutes les règles de l'autre, le jeu de cartes en est le même, on voit de la même manière à qui fera, l'on y donne cinq cartes également à chaque joueur ; et la seule différence qu'il y a, c'est que l'on peut y jouer quatre, cinq, ou plus de joueurs, sans être pour cela les uns avec les autres, au contraire chacun fait son jeu, et lorsque deux des joueurs font deux levées chacun, celui qui les a le plus tôt faites, gagne le jeu, et le marque comme s'il en avait fait trois.

Vous observerez que celui qui renonce ou fait d'autres fautes, par lesquelles il doit perdre quelque point, s'il n'en a point, les autres n'augmentent pas pour cela les leurs ; mais lorsque celui qui a fait la faute en gagne, il ne les marque pas, jusqu'à ce qu'il ait satisfait à ceux qu'il devait perdre.

----

## AUTRE MANIÈRE DE JOUER LA TRIOMPHE.

Cette manière de jouer est semblable à la précédente, en ce que chaque joueur joue pour soi, mais elle diffère en ce que les as font les premières cartes du jeu, et qu'ils lèvent les rois, les autres cartes suivant leur ordre naturel.

Il y a même un avantage pour celui qui fait, en ce qu'après avoir donné les cartes qui sont au nombre de cinq, s'il retourne un as, il pille, c'est-à-dire prend cet as qui fait la triomphe, et écarte telle carte de son jeu qu'il juge à propos à la place.

S'il y avait même au dessous plus de cartes de la même couleur en tournant sans interruption, il les prendrait en remettant sous le talon autant d'autres cartes de son jeu.

Il en est de même, si l'un de ceux qui jouent, a l'as de la triomphe en main, il pille aussi, c'est-à-dire prend la triomphe retournée, et les cartes qui suivent, qui sont de la même couleur, en en mettant autant sous le talon qu'il en a pris, afin qu'il n'ait pas plus de cartes qu'il ne faut dans son jeu : on appelle cette manière de jouer à la triomphe, jouer *à l'As qui pille*; on joue du reste les cartes comme à la première manière, et l'on fait la partie de tant et de si peu de points que l'on veut.

L'on peut encore jouer le jeu de cette manière, et sans jouer à l'As qui pille, on pourra diversifier et la jouer, tantôt d'une façon, tantôt de l'autre, en se souvenant d'avoir recours, pour les règles générales, aux règles qui sont dans la première manière de jouer.

# RÈGLES DU LANSQUENET.

### ARTICLE I<sup>er</sup>.

On le joue avec un jeu complet de cinquante deux cartes; le nombre des joueurs est illimité. On appelle *coupeurs* ceux qui ont la main, les autres sont les *pontes*.

**1.** Après avoir mèlé les cartes et fait couper, le *coupeur* devra distribuer une carte à chacun des autres coupeurs; il commencera par sa droite. Ces cartes sont appelées *cartes droites*.

**2.** Chaque coupeur doit mettre sur sa *carte droite* une somme qui se nomme fonds du jeu.

**3.** Les pontes doivent, avant que la carte du coupeur, qui tient la main, soit tirée, mettre la somme qu'ils veulent à une chance que l'on nomme *réjouissance*; alors le coupeur prend une carte et la découvre, puis il en tire une seconde : cette dernière décide du sort de la réjouissance. Après cela il tire d'autres cartes d'où dépendent la perte ou le gain, en raison de l'arrivée plus ou moins prompte d'une carte semblable à celle qui lui appartient.

**4.** Lorsque le coupeur, qui tient la main, donne une *carte droite* double à un des coupeurs, comme, si, ayant déjà donné un roi de cœur, il donnait un roi de trèfle, de pique ou de carreau, il gagne ce que son adversaire est convenu de jouer ; puis il est forcé de tenir deux fois cette somme sur la *carte double* ; puis, s'il donnait une *carte droite* triple, comme par exemple un autre roi à l'un des coupeurs, il gagnerait deux fois la somme jouée sur cette carte ; mais aussi il serait forcé de tenir quatre fois sur la *carte triple* le *fonds du jeu*. S'il venait encore à donner une *carte droite* quadruple, il gagnerait tout l'enjeu des autres coupeurs, et recommencerait la main.

**5.** Le coup est nul quand c'est la réjouissance qui est double ; dans ce cas chacun retire sa mise.

**6.** Lorsque la carte d'un coupeur est prise, il doit payer le *fonds du jeu* à chaque coupeur qui a une carte devant lui. Cependant il ne doit payer que comme *cartes simples* les *cartes doubles* ou *triples*.

**7.** Quand le coupeur, qui tient les cartes, amène une carte pareille à quelqu'une de celles tirées déjà, il gagne ce qu'on a joué sur la carte tirée la première ; mais, si, avant d'en amener de pareilles à celles tirées déjà, il en amenait une semblable à la sienne, il perdrait ce que les pontes auraient mis sur la réjouissance ; de là nous voyons que la partie finit après que le coupeur a tiré une carte pareille à la sienne.

**8.** Si, dans le cours de la partie, il arrivait audit coupeur de retourner douze cartes différentes à la sienne, et de retourner douze autres cartes semblables, il ferait *opéra* et gagnerait l'enjeu des *pontes* ; mais aussi, si, après avoir retourné douze cartes différentes de la sienne, il arrivait qu'il en retournât une semblable à eette dernière, il serait forcé de doubler, aux bénéfices des *pontes*, tout ce qu'ils auraient mis sur ces douze cartes. Ce coup se nomme le *coupe-gorge*.

**9.** Dans le cas où la carte du coupeur se trouverait double, il n'irait que de la réjouissance qui serait sur les *cartes droites* ; les chances seraient inégales pour les *pontes*, s'il n'y avait sur le tapis d'autres *cartes doubles* que celles du coupeur, parce que, comme le jeu ne contiendrait plus que deux cartes semblables aux siennes, elles pourraient ne venir qu'après celles dont il y aurait trois encore ; il en est de même pour le cas où la carte du coupeur serait triple.

Il y a une autre manière de jouer au *Lansquenet*, en se mettant trois contre deux ; alors on joue *carte double* contre *simple*.

On y joue aussi deux contre un, *carte simple* contre *carte triple*.

Et encore trois contre un ; alors on doit jouer *carte triple* contre *carte simple*.

Toutes les fois que le *coupeur* gagne les *cartes droites* des autres coupeurs, il a le droit de garder la main.

# RÈGLES DU REVERSIS.

**De la boîte de reversis ; de la manière de donner les cartes ; de leur valeur ; de la manière de les jouer.**

### ART. PREMIER.

L E Reversis se joue avec un jeu de cartes complet, excepté les dix de chaque couleur.

**2.** La boîte pour le jeu de Reversis, contient quatre paniers carrés longs et un panier rond.

**3.** Chaque panier carré est composé : 1º de cinq jetons qui valent chacun cinq fiches ; 2º de dix contrats qui valent chacun dix jetons ou cinquante fiches ; 3º enfin, de vingt fiches, en sorte que la boîte équivaut à cinq cent quarante-cinq fiches.

Le panier rond sert à contenir les payements dont il sera parlé ci-après.

**4.** Il se joue à quatre personnes. On tire pour les places, c'est-à-dire que l'on commence par placer les quatre paniers sur la table ; on prend ensuite une fiche de chaque couleur que l'on met dans le panier rond. Chacun des joueurs en prend une, et se place à l'endroit où est le panier dont la couleur correspond à celle de la fiche qu'il a tirée.

**5.** Les quatre joueurs assis, l'un d'eux prend un jeu de cartes, et en fait quatre piquets, un pour chacun, et celui dans lequel se trouve le valet de cœur, est celui qui commence à donner.

**6.** Quand le jeu commence, chaque joueur met au panier deux jetons, et celui qui donne en met trois : cette contribution forme le fonds des remises; elles se renouvellent toutes les fois que le panier est vide; ce fonds se nourrit par la contribution d'un jeton à chaque donne, par celui qui donne, et par les amendes dont il sera parlé ci-après.

**7.** Ensuite la donne circule toujours par la droite; c'est celui qui est le plus près à la droite de celui qui donne, qui joue le premier, et ainsi de suite.

**8.** L'as prend le roi; le roi prend la dame; la dame, le valet; le valet, le neuf, etc.

**9.** L'on donne onze cartes aux trois personnes avec qui l'on joue, et douze à soi.

**10.** On ne peut donner les onze cartes qu'en trois fois, une par trois, et à soi quatre, et ensuite, deux fois par quatre : toute autre façon est vicieuse.

**11.** Carte retournée fait refaire, à moins que

tous les joueurs ne jugent le coup bon pour abréger.

**12.** Celui qui aura mal donné perd sa donne à moins qu'il ne fournisse un jeton ou cinq fiches au panier.

**13.** Celui qui, ayant mal donné, ne s'en serait pas aperçu, ou n'en aurait pas averti avant que l'écart soit fait, payera au panier quatre jetons d'amende, et le coup sera nul; et il perdra, en outre, cette fois-là, sa donne, sans pouvoir la racheter.

**14.** Des trois cartes du talon, la première est pour le premier joueur à droite de celui qui donne, la seconde pour le deuxième, et la troisième pour le troisième : celui qui donne, écarte sans reprendre; c'est ce qui compose la partie,

**15.** Quiconque voit la carte de l'écart qui lui revient, et écarte ensuite, ne peut gagner la partie, ni placer son Quinola, si par hasard il l'avait, ni faire le Reversis; néanmoins, s'il rompait le Reversis ou forçait le Quinola, l'un serait rompu et l'autre bien forcé; mais il ne recevrait rien pour avoir rompu le Reversis, et point de consolation pour le Quinola forcé.

**16.** Il en est de même de celui qui prendrait sa carte sans écarter, il n'a droit à aucun payement; mais le Reversis rompu sera bien rompu, ainsi que le Quinola forcé, c'est-à-dire que, dans les deux cas ci-dessus, le coup n'est pas nul à l'égard des autres.

**17.** Quiconque joue sa carte avant son tour, payera un jeton ou cinq fiches au panier.

**18.** Si quelqu'un se trouvait avoir écarté deux cartes au lieu d'une, ne portant que dix cartes, il n'a droit à aucun payement quelconque, à moins qu'il ne rompe un Reversis, ou ne force le Quinola, alors il en sera payé comme s'il n'avait écarté qu'une carte. Les payements qui ne lui sont pas dus, sont les as ou Quinola par lui placés, ainsi que la partie s'il la gagnait.

**19.** Toutes les cartes qui se trouvent sous le panier, comptent pour la partie, soit qu'il y en ait une de plus ou de moins.

**20.** La partie appartient à celui qui la ramasse; cependant, tout autre joueur peut en avertir et régler le coup s'il le juge à propos, mais toujours avant que l'on ait joué.

**21.** Il est permis, en tout temps, d'examiner ses propres levées, mais aucunement celles des autres, si ce n'est la dernière de toutes celles qui seront faites.

**22.** Quiconque renonce sans avoir quatre as, ou le Quinola et trois as, mettra deux jetons au panier pour amende, et ne pourra toucher aucun payement, à moins qu'en s'en apercevant il ne reprenne sa carte pour fournir de la couleur avant la levée de la main; la partie appartient à celui qui ne fait point de levée, et, dans le cas de concurrence, à celui qui est le plus près à gauche du panier.

**23.** Dans le cas d'égalité de points, elle appartient à celui qui a le moins de levées; et si les points et les levées sont égaux, elle appartient toujours au plus près à gauche du panier.

**24.** Quant à la perte de la partie, dans le cas d'égalité de points et de levées, c'est, au contraire, celui qui se trouve le plus éloigné, à gauche du panier qui doit la payer.

**25.** La partie se compose des points qui se trouvent par les quatre cartes de l'écart; les points s'y comptent comme les levées; savoir : l'as quatre, excepté celui de carreau qui y compte cinq, le roi trois, la dame deux, et le valet un, excepté celui de cœur, appelé le Quinola, qui y compte quatre; et l'on ajoute toujours quatre à ces points; c'est proprement ce que l'on doit nommer la partie, attendu qu'il pourrait arriver que les quatre cartes de l'écart fussent toutes blanches, et que celui qui la gagnerait n'eût rien pour sa peine.

### Des payements.

**26.** Celui qui donne un as en renonce, reçoit une fiche de celui qui fait cette levée; si c'est l'as de carreau, il en recevra deux; si c'est le Quinola en renonce, il recevra un jeton ou cinq fiches.

**27.** De même le joueur à qui l'on force un

as, paye une fiche à celui qui le force, et deux si c'est l'as de carreau.

**28.** Si quelqu'un force le Quinola, il touche un jeton de chaque joueur, et deux de celui que tenait le Quinola,

Tous ces payements se font sans se les faire demander.

**29.** Un ou plusieurs as joués, ou le Quinola joué, ne se payent qu'à celui qui gagne la partie; mais c'est à lui à s'en souvenir et à les demander. Il faut observer que tous ces payements sont doubles en vis-à-vis.

**30.** Ils sont encore doubles à la première et à la dernière bonne, qui est la onzième levée; en sorte que si, par hasard, on forçait le Quinola en vis-à-vis à la première ou dernière bonne, on toucherait huit jetons ou quarante fiches de son vis-à-vis, et deux jetons de chacun des autres joueurs; mais, si on le forçait de côté, celui-ci payerait quatre jetons, le vis-à-vis quatre, et le troisième n'en payerait que deux.

**31.** La partie se paye aussi double, si c'est le vis-à-vis qui la gagne.

**32.** Tous ces payements cessent dès qu'il y a Reversis, soit que le Reversis se fasse ou qu'il soit rompu à l'une des deux dernières levées. On rend tout ce qui s'était payé pendant le coup, sans se le faire demander; c'est-à-dire qu'on rend à celui qui a payé, afin que personne ne paye ni plus ni moins que le Reversis.

**33.** Le Reversis se paye seize fiches par chaque joueur, et trente-deux par le vis-à-vis.

**34.** Celui qui rompt le Reversis à la dixième ou onzième levée, reçoit soixante-quatre fiches de celui qui l'avait entrepris ; les autres n'ont rien à payer que la restitution des as reçus, ainsi que celle du Quinola, s'il a été payé.

**De ce qui constitue le Reversis, de l'époque à laquelle il est entamé , et de la manière de le rompre.**

**35.** On fait le Reversis quand on fait seul toutes les levées.

**36.** Dès que les neuf premières levées sont faites, le Reversis est entrepris dès cet instant ; celui des joueurs qui aurait placé le Quinola, n'a plus de droit au panier, de même si celui qui l'a entrepris a forcé le Quinola, ou le force par la suite, il ne fait pas la remise, parce que, perdant son droit au panier, par le seul fait des neuf levées par la même personne, il serait injuste qu'il fît la remise dans le cas contraire. Alors, si l'on ne fait les deux autres levées, le Reversis est dit rompu à la bonne, s'il est à la onzième levée, ou simplement rompu, s'il ne ne l'est qu'à la dixième.

**37.** On ne peut rompre le Reversis contre celui qui l'aurait entrepris qu'en faisant une des deux dernières levées.

**38.** Il n'y a que celui qui fait le Reversis qui puisse tirer la mise, s'il a joué son Quinola à l'une des neuf premières ; il n'y a que lui qui puisse la faire, si son Reversis est rompu à l'une des deux dernières levées : autrement il ne fait pas la remise, ni ne la retire, s'il a conservé son Quinola aux deux dernières levées, soit qu'il fasse le Reversis, ou qu'il soit rompu, fût-il même forcé à la dernière bonne.

### Du Quinola et de l'espagnolette.

**39.** La remise est attachée au valet de cœur, qui est la carte la plus importante de tout le jeu. Toutes les fois que l'on peut donner le Quinola en renonce, on tire la remise ; cela s'appelle placer ou donner le Quinola ; toutes les fois, au contraire, qu'il est forcé, c'est-à-dire, que l'on est obligé de le donner sur un cœur, lorsqu'on n'a pas l'espagnolette, il fait payer la remise égale au contenu du panier. Il en est de même toutes les fois que l'on est obligé de jouer le Quinola ; cela s'appelle Quinola joué ou gorgé. Excepté néanmoins le cas où celui qui aurait le Quinola l'auraitjoué à l'une des neuf premières levées, et ferait le Reversis ; c'est le plus grand coup que l'on puisse faire à ce jeu, parce que l'on tire la remise, et qu'on se fait payer du Reversis.

**40.** Mais aussi, si, se flattant de pouvoir faire le Reversis, l'on a joué le Quinola à l'une des neuf premières levées, et qu'il soit rompu à l'une des deux dernières, il paye le Reversis rompu, et fait en outre la remise ; c'est le coup le plus cher : ainsi, si l'on doute de son Reversis, il est prudent de ne le jouer qu'à l'une des deux dernières levées, afin de ne pas payer la remise.

41. Dans les autres cas, où l'un des joueurs fait ou manque le Reversis, et qu'un autre place le Quinola, ou bien que son Quinola est forcé, celui-ci ne tire la remise, ni ne la fait ; en un mot, du moment qu'il y a un Reversis entrepris, il n'y a point de remise, parce qu'alors le Quinola redevient valet de cœur, excepté seulement pour celui qui l'entreprend et qui l'aurait joué avant la dixième levée, parce que si son Reversis est rompu, il fait la remise ; et s'il ne l'est pas, il la retire.

42. Trois as et le Quinola, quatre as et le Quinola, ou seulement quatre as réunis dans la même main, font ce qu'on appelle l'espagnolette.

Ce coup, très-compliqué, difficile à jouer, renverse à peu près tout ce qui vient d'être dit.

43. L'espagnolette a le droit de renoncer à toutes couleurs ; il place, de cette façon, son Quinola, quoique souvent seul dans sa main, et tire conséquemment la remise ; il donne, comme il lui plaît, les as, à droite à gauche ou en face.

44. Il gagne presque toujours la partie, de quelque manière qu'il soit placé.

On dirait que l'on ne joue que pour lui ; et en effet, s'il joue bien, tous les avantages du jeu sont pour lui.

**45.** Mais, n'ayant le droit de renoncer que pendant les neuf premières levées, il doit fournir de la couleur, s'il en a, aux deux dernières levées ; si, maladroitement, il a gardé une grosse carte, et qu'on le fasse rentrer, il perd la partie, quand bien même il ne ferait qu'une levée blanche, s'il a placé son Quinola dans les neuf premières cartes, il fait la remise et rétablit le panier tel qu'il était. Il est également tenu de payer les as doubles à ceux qui les lui auraient déjà payés.

**46.** Si, dans le cas prévu par l'article précédent, l'espagnolette avait gardé son Quinola dans l'espérance de le placer à la bonne, il se trouverait, par le fait, gorgé, s'il rentrait à la dixième carte.

Néanmoins l'espagnolette ne fait pas la remise, si le Quinola est placé par l'un des autres joueurs.

**47.** Cependant, s'il arrivait qu'un des joueurs entreprît le Reversis et qu'il le rompît, fût-ce même par le Quinola forcé en sa main, à l'une des deux dernières levées, non-seulement il ne ferait ni la remise, ni ne perdrait la partie, puisqu'il est de principe qu'il n'y a de remise pour personne dès qu'un Reversis est entrepris, et que le Quinola n'a pas été joué dans les neuf premières levées, mais encore on lui paye le Reversis rompu.

**48.** L'espagnolette n'est pas sensé avoir perdu son droit pour avoir fourni de la couleur qu'on demande, et même pour avoir mis au-dessus, pourvu que la levée ne lui reste pas.

**49.** S'il est le premier à jouer, qu'il joue cœur, et que le Quinola se trouve seul dans quelque main, il en tire la consolation, et ne perd pas pour cela ses droits, si cette levée ne lui reste pas.

**50.** Si, ayant par mégarde fait une levée dans le courant du jeu, il joue cœur, et force le Quinola, il en reçoit de même la consolation ; mais il ne peut plus renoncer et ne .peut gagner la partie qu'autant que les points de ses levées seraient au-dessus des trois autres ; c'est-à-dire, qu'il rentre dès ce moment dans la classe des autres, sans qu'on puisse lui reprocher d'avoir précédemment renoncé. Il en est de même si, étant entré malgré lui à la dixième carte, il lui restait un cœur à jouer, et qu'il forçât, par ce hasard, le Quinola à la dernière bonne, c'est-à-dire qu'on lui payerait la consolation double, comme étant à la dernière bonne ; et ce, sans égard à ses précédentes renonces.

**51.** Faire entrer, signifie faire levée.

**52.** Si quelqu'un fait le Reversis, l'espagnolette paye seul pour toute la compagnie. Néanmoins, si celui qui est espagnolette n'avait pas renoncé, il est dans la classe des autres : l'on ne pourrait

5.

lui reprocher de s'être défait de ses as et de son Quinola, et il ne pourrait payer que sa part du Reversis.

**53.** Si l'un des joueurs entreprend le Reversis, et qu'un autre le rompe à la bonne, l'espagnolette qui a joui de son droit paye, outre le Reversis à la décharge de celui qui rompt, 64 fiches à la décharge de celui à qui il est rompu; parce que l'espagnolette doit rompre le Reversis à la bonne, et reçoit 64 fiches de celui auquel il l'a rompu.

**54.** Comme l'espagnolette n'est pas obligé de rompre le Reversis par un as, il suffit d'avoir une carte au-dessus de celui qui a entrepris le Reversis, en sorte que si un autre en fait la levée, c'est celui-là qui reçoit les 64 fiches, non pas de l'espagnolette, mais de celui auquel il l'a rompu.

**55.** Par exemple, B a entrepris le Reversis, et il lui reste un huit de trèfle; celui qui est espagnolette en a le neuf; par conséquent, il est censé avoir rompu le Reversis, quoiqu'on ait le valet de trèfle, qui fait faire la levée, parce que sans le valet, il l'eût lui-même rompu, et qu'il est assez puni de ne pas toucher les 64 fiches qui passent à celui qui avait le valet.

**56.** L'espagnolette peut aussi faire le Reversis, et dès lors son jeu n'est plus qu'un jeu ordinaire.

**57.** Si l'espagnolette avait placé son Quinola,

et qu'il y ait un Reversis fait ou manqué, il ne tirera pas la remise d'après la règle générale, qu'en Reversis fait ou rompu, il n'y a pas de remise, excepté pour celui qui l'entreprend et qui le fait encore, lorsqu'il l'a jouée à l'une des neuf premières levées.

**58.** Si par as, roi ou dame de cœur, l'on forçait le Quinola à l'espagnolette, et à quelque époque du jeu que cela arrivât, ce dernier ferait la remise et payerait ainsi que les deux autres joueurs ce qui est dû à celui qui le lui aurait forcé , d'après les règles ci-dessus : excepté toujours s'il y a Reversis fait ou rompu, les deux dernières levées ne changeant rien à la règle générale qu'en faveur de celui qui fait les onze levées.

**59.** Le Quinola forcé, placé ou joué aux dernières levées, ne fait pas la remise ni ne la lève, fût-il joué par celui qui fait le Reversis.

**60.** S'il n'y a pas de Reversis, et que l'espagnolette n'entre pas, il jouira de tous ses autres droits.

# RÈGLES DE LA MOUCHE.

### Des rapports de la mouche avec les autres jeux.

LE jeu de la mouche tient beaucoup de la triomphe par la manière de jouer.

On ne voit guère d'où ce jeu nous est venu, ni la raison pour laquelle on l'a appelé de la sorte; mais, comme ces connaissances ne sont point essentielles, nous passerons à ce qui regarde la manière de le jouer, et nous en donnerons des règles.

### Manière de jouer la mouche et règles établies.

**1.** On joue à ce jeu depuis trois jusqu'à six : dans le premier cas, il ne faut qu'un jeu de cartes comme au piquet; plusieurs joueurs même ôtent les sept; et, dans le second, il est nécessaire que le jeu soit composé de toutes les petites cartes, afin de fournir aux écarts qu'on est obligé d'y faire ; enfin, on doit, à proportion qu'on est de joueurs, laisser plus ou moins de cartes au jeu, afin qu'il y en ait toujours dans le talon (outre la carte tournée) de quoi pouvoir donner au moins trois cartes à chaque joueur, au cas que tous voulussent à la fois aller à l'écart.

**2.** La main se tire, l'avantage étant toujours à celui qui joue le premier, attendu que l'on joue par telle couleur qu'on veut : après donc que l'on a vu celui qui doit mêler, et pris chacun un certain nombre de fiches ou jetons que l'on fait valoir plus ou moins, suivant que l'on veut perdre óu gagner, celui qui doit mêler donne à chaque joueur, et prend également pour lui cinq cartes, qu'il donne par deux et trois, ou trois et deux, même par cinq à la fois ; mais les autres manières sont plus honnêtes ; il retourne ensuite la carte de dessus le talon, qui est celle qui fait la triomphe, et qu'il laisse retournée sur le tapis.

**3.** Le premier à jouer, après avoir vu son jeu, est le maître de s'y tenir ou de prendre une fois seulement tel nombre de cartes qu'il veut, jusqu'à cinq, et ainsi du second, après le premier, et des autres.

**4.** Observez que celui qui demande les cartes du talon est censé jouer, comme il a été déjà dit ; on peut aussi jouer sans prendre, lorsqu'on a assez beau jeu sans aller à fond ; de même l'on peut ne point demander des cartes lorsqu'on a mauvais jeu, et qu'on ne veut pas jouer; ce qui arrive quelquefois à un joueur qui voit que devant lui, il y en a qui se sont tenus à leurs cartes, sans en demander, appréhendant qu'ayant mauvais jeu, il ne leur en vienne un pareil, et qu'étant, par conséquent, forcés de jouer, ils ne fassent la *mouche*.

**5**. Celui qui, jouant, ne fait aucune levée, fait la *mouche,* qui consiste en autant de marques qu'on est de joueurs, et que celui qui mêle, met seul, et ainsi chacun à son tour.

**6**. Lorsqu'il y a plusieurs *mouches* faites sur un même coup, comme il arrive souvent, surtout lorsqu'on est cinq ou six joueurs, elles vont toutes à la fois, à moins que l'on ne convienne de les faire aller séparément; mais comme il s'ensuit que celui qui mêle met toujours la mouche qui fait le jeu, par conséquent celui qui fait la mouche la fait d'autant de marques qu'il en va sur le jeu.

**7**. Celui qui n'a pas de jeu à jouer, et n'a ni demandé des cartes du talon, ni joué sans prendre, met son jeu avec les écarts, ou dessous le talon, s'il n'y avait point d'écart.

**8**. Celui qui veut jouer sans aller à fond dit seulement : je m'y tiens; il est censé jouer dès lors.

**9**. Les cartes se jouent comme à la bête, et chaque main qu'on lève vaut un jeton à celui qui l'a fait et qui tire le jeu; quand la mouche est double, il en tire deux, et trois quand elle est triple, et ainsi de suite.

**10.** Si les cinq cartes qu'on donne d'abord à un joueur sont toutes d'une même couleur , c'est à-dire cinq piques ou cinq trèfles, et ainsi des autres, quoique ce ne soit point de la triomphe, celui qui les a gagne la mouche sans jouer; et c'est ce jeu qu'on appelle la *mouche*.

**11.** Si plusieurs joueurs avaient ensemble la mouche, c'est-à-dire cinq cartes d'une même couleur, celui qui l'aurait de la couleur qui est triomphe gagnerait par préférence aux autres; autrement ce serait celui qui aurait plus de points à la mouche : on compte l'as, qui va immédiatement après le valet, pour dix points, les figures pour dix, et les autres cartes les points qu'elles marquent; et si elles étaient égales en tout, la primauté gagnerait.

**12.** Celui qui a la mouche n'est pas obligé de le dire, même quand on lui demanderait s'il la sauve; mais si on le lui demande, et qu'il dise oui ou non, il doit accuser juste.

**13.** Si, après que celui qui a la mouche a dit: je m'y tiens, les autres joueurs vont leur train sans réflexion, il arrive alors que celui qui joue le premier montre toutes ses cartes, et gagne non-seulement la mouche qui est au panier, mais même celles qui sont dues; et les autres joueurs font la mouche, chacun de ce qui était sur le jeu.

**14.** Celui qui a la mouche n'est pas obligé de le dire, comme nous l'avons indiqué ; mais il est même de l'avantage de celui qui s'est tenu à ses cartes de laisser croire aux autres joueurs qu'il peut l'avoir : c'est pourquoi il faut, dans l'un et l'autre cas, ne rien répondre, parce que, comme nous l'avons déjà remarqué, quand on répond, il faut accuser juste : et il est avantageux à ceux qui jouent d'être seuls, afin d'être moins exposés à faire la mouche. Si cependant un joueur était bien assuré de son jeu, c'est-à-dire qu'il eût très-beau jeu, il pourrait sauver la mouche pour engager les autres à jouer, et faire faire par là des mouches à ceux qui joueraient et ne feraient point de levées.

**15.** Celui qui renonce fait la mouche d'autant de jetons qu'elle est grosse sur le jeu ; de même, celui qui, pouvant prendre sur une carte jouée, soit en mettant plus haut de la même couleur, soit en coupant ou surcoupant, ne le fait pas, fait aussi la mouche.

**16.** Celui qui est surpris à tricher au jeu, ou qui reprend des cartes pour accommoder son jeu, fait la mouche, et ne joue plus.

**17.** Celui qui donne mal remêle , n'y ayant pas d'autre peine pour cela ; lorsque le jeu est faux, il ne vaut rien pour le coup, mais les précédents sont bons.

On ne remêle pas pour une carte retournée à cause des écarts.

# REGLES DU BOSTON.

---

**Instruction préliminaire. — Ce que c'est que le chelem et l'indépendance.**

CE jeu tire son origine du Wisth, auquel il ressemble pour la manière de jouer les cartes ; mais il différencie dans la forme, ayant besoin de paniers et d'une corbeille, comme au Reversis.

**1.** Il faut être quatre, avoir chacun un panier composé de cent vingt fiches, et une corbeille pour la mise de chaque joueur.

**2.** Pour savoir à qui donnera, l'on tire au premier roi.

**3.** Il faut des cartes entières.

**4.** La partie est composée de huit tours.

**5.** Celui qui donne met huit fiches à la corbeille, et les trois joueurs quatre chacun, ce qui fait vingt, dont la corbeille est toujours garnie :

il peut y en avoir moins dans le cas où, avant de jouer, l'on ferait des conditions différentes.

**6.** On donne toutes les cartes par trois ou par quatre, et l'on a grand soin de retourner la dernière, étant celle qui indique la couleur dans laquelle on peut jouer; ne pouvant le faire en aucune autre.

**7.** Il faut avoir soin que la corbeille soit complète : c'est toujours le premier qui est chargé de ce soin, et, s'il l'oublie, il en répond : conséquemment il est obligé de fournir ce qui y manque.

**8.** On joue assez ordinairement deux ensemble à ce jeu; c'est-à-dire que l'on a un associé ou soutien.

**9.** Il faut faire huit levées pour emporter la corbeille, cinq par celui qui demande, et trois par le soutien; en sorte que celui qui peut faire cinq levées dans la couleur qui retourne, dit : je demande; et celui qui a de quoi en faire trois dit : je soutiens.

**10.** Si le nombre de huit levées n'est pas complet, on fait la bête, qui est toujours de ce qui est dans la corbeille, et l'on paie autant de fiches aux adversaires que l'on a perdu de levées, si ce n'est qu'à la première on donne une fiche de plus par forme de consolation. Il est à observer que ce paiement se fait toujours également par les deux joueurs.

**11.** Il n'en est pas ainsi de la bête ; elle ne doit être mise que par celui qui n'a pas fait son nombre de levées, à moins que la convention n'ait été faite, avant de se mettre au jeu, de les partager : dans ce cas, les joueurs peuvent confondre leurs levées; mais, dans celui opposé, il est essentiel de les relever chacun devant soi.

**12.** S'il arrivait que le premier ne fît que quatre levées, et le soutien le même nombre, ou bien que le demandant en fît six, et le soutien deux, la corbeille serait partagée également entre les deux joueurs, l'usage étant de laisser aller à son ami des levées que l'on pourrait faire : ainsi il serait de la plus grande injustice de lui enlever sa part de la corbeille.

**13.** Lorsqu'on fait des levées au delà de huit, qui est la règle du jeu, les adversaires paient autant de fiches qu'il y a de levées au-dessus du nombre huit, toujours une de plus pour la première, ainsi qu'il est dit ci-dessus; et de plus les honneurs, comme au Wisth.

**14.** Il y a des personnes qui conviennent de payer les honneurs en dehors, c'est-à-dire que si les demandants perdent avec, ils sont obligés de les payer, ainsi que l'on aurait fait s'ils eussent gagné.

**15.** D'autres, au contraire, les font entrer en compensation des levées perdues : tout cela dépend des conditions faites avant de se mettre au jeu.

**16.** Le *chelem* est un coup qui a lieu comme au Wisth; il faut, comme l'on sait, faire à deux toutes les levées : on le paie seize fiches, et de plus les honneurs, s'il y a lieu.

**17**. L'indépendance s'appelle ainsi parce qu'elle demande à être jouée seule : pour cet effet, il faut avoir dans son jeu de quoi faire huit levées ; dans ce cas, il faut dire : je demande une indépendance, avant que celui qui est le premier en cartes ait joué ; autrement les autres joueurs s'y opposeraient, parce que l'entrée du jeu est souvent très-avantageuse, et que l'on n'aurait pas risqué le coup sans cet avantage ; ainsi, dans le cas où la demande aurait été faite mal à propos, les trois autres joueurs forceraient le demandant à se rétracter, et à jouer pour huit levées seul, ce qui est très-différent pour le paiement, puisque, pour l'indépendance, on reçoit de chacun dix fiches, l'on retire la corbeille et l'on reçoit les honneurs, ainsi que les levées faites au-dessus du nombre, et que, dans l'autre cas, on n'a que la corbeille, avec les honneurs et levées, s'il y a lieu : de même, si celui qui a demandé l'indépendance ne fait pas ses huit levées, il faut qu'il paie dix fiches à chacun des joueurs, ainsi que les levées et les honneurs, si l'on était convenu de les jouer dehors.

**18**. Il est bon d'observer que, lorsque tous les joueurs passent, et qu'un seul demande, on ne peut l'obliger à faire huit levées, mais cinq, parce qu'il n'a pas de soutien ; alors il retire seul

la corbeille, et on lui paie les levées qu'il pourrait avoir faites au delà.

**19.** Lorsque tous les joueurs passent, on remet quatre fiches à la corbeille, et l'on donne les cartes.

**20.** Des personnes qui jouent très-bien ce jeu avaient voulu ajouter la demande forcée, c'est-à-dire que le premier en cartes était toujours forcé de jouer pour cinq levées; or, il arrivait souvent qu'il se trouvait sans atout, et que, s'il ne rencontrait pas pour soutien celui qui les possédait, il était sûr de faire la bête : ces mêmes personnes ont senti l'injustice d'un tel procédé, et la règle n'a plus lieu.

**21.** Il faut observer que, si les trois premiers joueurs ont passé, et que le dernier demande, le premier peut revenir pour soutenir seulement, ainsi que le second ou le troisième, parce qu'il est différent de faire une demande de cinq levées ou un soutien de trois, ayant observé ci-dessus que le soutien, n'étant tenu de faire que trois levées, n'est point dans le cas de mettre la bête, si le demandant n'en fait que quatre ; il faut donc que ce dernier mette vingt fiches à la corbeille, ou plus, s'il y a lieu, les bêtes étant toujours de ce qu'il y a dans la corbeille.

**22.** S'il y en a plusieurs, il faut toujours mettre les plus fortes en premier.

**23.** Il est très-essentiel d'observer que, pour les demandes, il ne faut parler qu'à son rang.

## Manière de jouer ce jeu.

**24.** Lorsque les cartes sont données, le premier porte la parole, s'il a de quoi jouer, ou le second, si le premier n'a pas de jeu, et ainsi des autres ; et lorsque l'on ne peut jouer, on dit : je passe, ayant besoin, pour demander, d'avoir dans son jeu de quoi faire cinq levées, soit en atouts, soit en as ou en rois: il est plus sûr de jouer en atouts, n'ayant point à craindre que vos adversaires l'emportent sur vous par le nombre : d'ailleurs, vous ne devez pas compter sur votre ami, qui préfère quelquefois ne pas vous soutenir dans l'espérance de faire faire une bête; ainsi, il faut, pour jouer, avoir au moins cinq atouts forts, ou six ou sept petits, parce que le grand nombre vous en assurera de maîtres, et avec cela des as et des rois, et vous serez sûr de votre jeu si vous avez soin, aussitôt que vous serez en jeu, d'en jouer, afin que de petits atouts, dispersés dans les trois joueurs, ne coupent point vos cartes. Il est donc nécessaire, à ce jeu, de faire atout ; cependant il est des circonstances où cela serait nuisible ; c'est dans le cas où vous verriez à la première levée qu'il y aurait deux renonces, ce qui vous indiquerait que, les atouts étant dans une même main, vous ne devez pas continuer, dans la crainte de ne faire tomber que des petits, et de rendre rois ceux de votre adversaire, qui ne manquerait pas de les tirer lorsqu'il serait en jeu, et épuiserait les vôtres ; dans ce cas, il faut tirer ses as et rois, étant à présumer qu'ils ne seront pas coupés, ayant deux joueurs sans atouts; et s'ils l'étaient par celui qui les a, ce serait toujours un avantage pour vous de lui en diminuer le nombre ; mais, dans tous les cas, il faut bien ménager son jeu lorsque l'on est seul, parce qu'ayant trois personnes contre vous, elles ont le plus grand intérêt de vous mettre à la bête.

**25.** Lorsque l'on a un soutien, la manière de jouer devient différente ; il faut sonder le jeu de son ami, et tâcher d'y faire une bonne entrée : par exemple, si le premier en cartes demande, et que le dernier soutienne, c'est au premier à faire atout d'un petit, afin de passer en revue les deux adversaires, qui sont souvent forcés de mettre un atout majeur, dans la crainte que la levée ne reste par un moindre, le soutien ne devant pas forcer sur les mains qui appartiennent à son ami; de même si le soutien est à la droite du joueur, c'est à lui à faire atout, par la même raison expliquée ci-dessus : on le nomme *atout de situation*, parce que c'est la place qui l'exige et non pas une invite qui exige que le roi y retourne ; ce qui, dans ce cas, serait quelquefois très-nuisible, à moins qu'il ne fut indiqué, par la retourne ou autrement, que les honneurs seraient dans les mains des deux joueurs ; dans ce cas, avec le nombre, il serait à propos d'en retourner, afin d'ôter aux adversaires la possibilité de couper vos rois, en leur enlevant leurs petits atouts.

**26**. Pour soutenir à ce jeu, il n'est pas nécessaire d'avoir un grand nombre d'atouts, mais il est à propos d'avoir au moins, as, roi, dame ou valet troisième, avec quelques rois et as dans les autres couleurs, afin que votre associé trouve de la ressource dans votre jeu, et puisse n'être pas trompé dans les invites qu'il pourrait faire ; d'ailleurs, on sent quel avantage on peut tirer de deux beaux jeux rassemblés; il est possible de faire le chelem, qui est un des beaux coups de ce jeu.

**27**. Ce coup s'entreprend souvent sans réussir, mais c'est toujours le jeu de le tenter lorsque l'on est fort en atout, et qu'ayant sondé le jeu de son ami, on y trouve un bon soutien ; alors, si l'on a des rois et des as, il est avantageux de faire atout, afin que les petits qui se trouveraient dans les mains adverses ne fissent point de tort à vos rois, en les coupant, et par là vous ôtassent la faculté de réussir dans votre entreprise.

**28**. Il est très-essentiel à ce jeu d'observer les cartes qui passent, et d'en garder le souvenir. afin de ne point couper les rois de son ami : ce qui fait souvent le plus grand tort.

### De l'indépendance.

**29**. Comme ce coup se joue seul, il faut que

celui qui l'entreprend calcule son jeu, et voie s'il a de quoi faire huit levées, tant par les atouts que par les rois : s'il n'a pas de rois, il faut qu'il ait au moins la quatrième tierce majeure, huitième, afin, lorsqu'il jouera atout , de faire tomber le dix s'il est quatrième dans une main.

**30**. L'on observe que, si dans les fausses qui lui restent il avait une renonce, ce ne serait pas le jeu de couper, qu'au cas qu'il fût dernier à jouer, conséquemment exposé à la surcoupe; parce que s'il risquait un atout qui lui fût enlevé, il n'aurait plus le nombre de ces levées, et ferait la bête.

**31**. On sent que cette règle est nécessaire dans toutes les occasions où l'on est dans le cas de craindre la surcoupe : il en est cependant où l'on peut couper d'un fort atout, même d'un honneur, mais ce n'est pas celui de l'indépendance , parce qu'en vous dégarnissant d'une de ces cartes, vous pouvez en faire valoir les moindres dans les mains de vos adversaires.

**32**. On peut encore jouer ce coup avec moins d'atout : mais il faut avoir des as et des rois que l'on puisse faire valoir, après que l'on a fait plusieurs coups d'atouts, pour n'être pas coupé.

**33**. L'on observe que les rois ne sont pas d'une grande ressource, lorsqu'on joue seul : parce que les adversaires devinent facilement quand vous en voulez faire, et ont grand soin de vous faire passer en revue, et de ne mettre leur as que lorsque vous êtes forcé de jeter le roi.

## Manière de jouer les adversaires.

**34.** L'intéressant de cette position est de mettre à la bête ceux qui jouent : pour cet effet, il faut prendre bien du soin de son jeu ; ne point faire de fausses invites à son ami, ne point jouer de l'as quand vous ne l'avez pas soutenu du roi, parce que de cette manière, vous le feriez dans la main du joueur, et pourriez, par cette faute, lui faire gagner une corbeille qu'il aurait perdue : il ne faut donc jouer de l'as dans cette position que lorsqu'on y est forcé par les circonstances ; on ne doit point faire d'invite si on a l'as, mais toujours attendre sur cette couleur ; surtout s'il est accompagné de la dame, parce qu'il est certain qu'en voyant venir vous ferez tous les deux ; on doit faire invite lorsqu'on a le roi trois ou quatrième ; parce que, si votre ami a l'as, il doit mettre, à moins qu'il ne puisse prendre la levée d'un moindre : mais vous êtes toujours sûr qu'il est dans sa main, parce que vos adversaires le mettraient, s'ils l'avaient, dans la crainte qu'il ne fut coupé au second ; si votre ami l'a, votre roi est en sûreté : et c'est son jeu de retourner à l'invite ; règle très-essentielle à ce jeu : cependant votre ami, découvrant par votre invite que vous avez le roi, ne devrait pas y retourner s'il n'avait l'as, dans la crainte de vous le faire prendre par vos adversaires ; ce serait pour lors son jeu de faire une autre invite ; et, lorsque vous vous trouveriez en jeu, vous feriez une seconde invite dans la couleur que vous auriez entamée, afin de faire tomber cet as, et faire valoir votre roi.

**35.** Lorsque l'on a roi et dame quatrième, on peut jouer du roi ; votre ami ne mettant pas l'as, s'il l'a, et vous donnant, en lui jouant d'un petit au second, la facilité de faire trois levées dans cette couleur : si , au contraire, l'as est dans les mains adverses, ce n'est pas le jeu de tirer votre dame ; il faut y voir venir, afin de ne point faire faire de rois à vos adversaires.

**36.** Lorsque l'on a la tierce à la dame cinquième, c'est le jeu de jouer la dame ; souvent cela force le roi, que votre ami prend de l'as ; et vous êtes sûr du reste.

**37.** L'on ne doit point faire de fausse invite. On appelle *invite* les basses cartes du jeu, depuis le deux jusqu'au cinq : ainsi, si l'on n'a point de fortes cartes dans son jeu, il faut jouer d'un dix ou neuf, afin d'assurer votre ami que vous ne pourriez lui répondre dans cette couleur , s'il vous attaquait.

**38.** L'on peut encore risquer de jouer un singleton : on appelle ainsi une carte seule ; c'est le jeu, lorsque l'on n'a que de petits atouts qui ne peuvent faire de tort au joueur ; ou bien, si on a roi, dame ou valet seul, qui serait dans le cas de tomber sur le premier atout des adversaires, alors il est très-avantageux d'en tirer parti en coupant ; si l'on avait l'as seul, il vaudrait mieux le jouer, ou le garder pour prendre la première levée d'atout, que de l'employer en coupe ; ce qui ne serait pas bien joué.

**39**. Il n'est point d'usage aux adversaires de jouer atout, étant à présumer que les demandants sont forts en cette couleur ; cependant il est des cas où on doit le faire, comme celui où l'on se trouverait maître par les forts que les autres joueurs auraient tirés ; alors c'est votre jeu de jouer les vôtres, afin de faire tomber les petits qui restent, et jouer vos rois sans craindre la coupe ; en jouant ainsi, on est presque sûr de faire une bête, par la même raison que beaucoup de personnes jouent ce jeu avec peu d'atouts.

**40**. Il ne faut point forcer sur la carte de l'adversaire lorsque votre ami est après, parce que c'est à lui à mettre tout ce qu'il a de plus fort, à moins que l'on en mette une au-dessus des siennes ; pour lors il doit s'en aller d'un petit.

**41**. On sait qu'à ce jeu on ne doit pas renoncer, et celui qui le ferait paierait la bête de renonce : la règle est de droit ; c'est aux joueurs à l'adoucir, s'ils le jugent à propos.

**42**. Si celui qui gagne la corbeille ne la prend avant que l'on coupe les cartes pour le coup d'après, elle ne lui appartient plus, et il n'a aucun droit dessus ; c'est un avantage pour les joueurs, en ce qu'ils ne sont pas obligés de la remplir, n'y ayant que celui qui donne qui met quatre fiches au lieu de huit qu'il aurait fallu.

**43.** Des personnes désirant jouer ce jeu un peu cher, ont diminué le prix de la corbeille, c'est-à-dire qu'au lieu de vingt fiches dont elle elle composée, on la réduit à dix, quatre pour celui qui donne, et une par chacun des joueurs.

**44.** On observe qu'en jouant avec vingt fiches à la corbeille, on peut perdre son panier, et au delà, et qu'en jouant avec dix, la perte n'est pas diminuée de moitié ; le paiement des levées et des autres coups de la partie étant le même.

**45.** Ce jeu est assez agréable par la diversité des coups que cinquante-deux cartes occasionnent, et dont on ne pourrait donner le détail, étant formé par la circonstance : on croit en avoir dit assez d'autant plus que ceux qui connaissent le Wisth joueront facilement celui-ci ; on ajoutera seulement, sans faire tort au premier, dont le mérite est connu, que le second a beaucoup plus de gaieté, tous les joueurs étant en action, les uns pour ne pas faire la bête, et les autres pour les y mettre.

# RÈGLES
# DE LA BOUILLOTTE.

## Manière de jouer ce jeu.

### ARTICLE PREMIER.

Ce jeu, l'un des plus usités maintenant dans les sociétés, n'a pas encore de règles bien connues : il a beaucoup d'analogie avec le Brelan ; mais cependant, il existe entre ces deux jeux une différence sensible, que nous ferons remarquer en établissant les principes de la Bouillotte.

**1.** Ce jeu se joue avec un jeu de trente-deux cartes, dont on supprime les sept, ce qui les réduit à vingt-huit.

**2.** On le joue ordinairement à cinq. La mise de chaque joueur est de cinq jetons, et cinq fiches, valant chacune cinq jetons.

**3.** Pour déterminer les places, on prend dans ce jeu cinq cartes, un as, un roi, une dame, un valet et un dix ; peu importe qu'elles soient de même couleur : on les mêle ; chaque joueur en prend une, qui règle sa place.

**4.** Quoique l'as soit la première carte du jeu, cependant il est d'usage que ce soit le roi qui donne les cartes le premier.

**5.** Avant de donner des cartes, chaque joueur met un jeton au jeu, celui qui fait mettant le dernier ; la personne première en cartes peut, si elle le juge à propos, se *carrer*, ce qui se fait en mettant au jeu autant de jetons qu'il y en a, plus un : le second joueur peut décarrer le premier en doublant le jeu, plus un jeton.

**6.** Il y a cet avantage à être carré, que, si tout le monde passe, la carre et le jeu vous appartiennent ; et que, si quelqu'un fait le jeu, vous parlez le dernier.

**7.** Lorsque le jeu est fait, celui qui a mêlé les cartes en donne trois à chaque joueur en les donnant une à une, puis en retourne une.

**8.** Il doit mettre le restant des cartes, qu'on appelle *talon*, à sa droite.

**9.** Le premier joueur à droite parle le premier, s'il n'est pas carré ; s'il a jeu suffisant, il annonce, ou qu'il voit le jeu, seulement, c'est-à-dire les cinq jetons du jeu, ou qu'il voit avec telle autre quantité de fiches ou de jetons qu'il lui plaît d'ajouter ; s'il ne se croit pas jeu suffisant, il passe.

**10.** Il arrive cependant presque toujours qu'un bon joueur de bouillotte passe avec très-beau-jeu, pour laisser engager les autres joueurs, et pouvoir les relancer.

**11.** Lorsque le premier joueur a parlé, les autres répondent successivement, soit en tenant le jeu ouvert, soit en relançant celui qui a ouvert le jeu, c'est-à-dire en offrant de jouer plus que lui telle quantité de jetons et de fiches que détermine celui qui relance.

**12.** Lorsqu'il y a relance, ceux qui ont ouvert le jeu sont obligés, ou de tenir, c'est-à-dire de jouer ce que l'on propose, ou de renoncer en payant autant de jetons qu'il y en a au jeu, ou autant qu'ils en ont proposé de tenir. Ils peuvent aussi eux-mêmes relancer.

**13.** Lorsque tout le monde a parlé, si deux ou plusieurs joueurs tiennent, chaque joueur découvre son jeu; et les deux tenants cherchent dans le jeu des autres de quoi faire le leur.

**14.** Celui qui a le plus fort point gagne le coup, c'est-à-dire, celui qui a le plus de cartes de la même couleur, ou les plus fortes en points; en cas de concurrence, le premier en cartes l'emporte.

**15.** Les cartes se comptent comme au piquet; l'as compte onze points, les figures dix, et les autres cartes points marqués.

**16.** L'as est la première carte du jeu, et attire à elle les autres cartes de la couleur, qui sont sur le jeu.

**17.** Lorsque tout le monde passe, on recommence la donne; et chaque joueur remet un autre jeton; ce qui double le jeu.

**18.** Cependant si un joueur s'était carré, le jeu lui appartiendrait.

**19.** Tous les joueurs au-dessus de celui qui ouvre le jeu peuvent revenir quoiqu'ils aient passé, et tenir le jeu, ou même relancer.

**20.** Quelques personnes pensent que les joueurs qui ont passé après celui qui a ouvert le jeu peuvent revenir, et tenir le jeu; c'est une erreur : lorsqu'un des joueurs a ouvert le jeu tous ceux qui ont parlé ensuite ne peuvent plus rien

**21.** Celui qui ouvre le jeu, reçoit la loi de ceux qui tiennent contre lui; c'est-à-dire, que, si celui qui tient ne veut pas relancer celui qu a ouvert le jeu, ce dernier ne peut rien faire de plus que le jeu; mais s'il est relancé, il peut relancer lui-même.

**22.** Lorsque plusieurs joueurs tiennent, c'est au premier, après celui qui a ouvert le jeu, à declarer ce qu'il joue, et successivement par ordre, s'il tient *sans plus*, c'est-à-dire, sans vouloir jouer plus que le jeu; celui qui lui succède peut relancer, et alors il est forcé de tenir ou d'abandonner le jeu, c'est-à-dire, de donner au gagnant autant de jetons qu'il y en a sur le jeu.

**23.** Personne ne peut jouer plus qu'il n'a devant lui, c'est ce qu'on appelle faire son vatout; mais il ne gagne alors qu'autant qu'il a, quoiqu'on ait joué bien davantage.

**24.** Lorsqu'un des joueurs a perdu tout ce qu'il a devant lui, il se retire, et fait place à un autre ; si personne ne veut prendre sa place, il reprend une nouvelle mise.

**25.** Le brelan l'emporte sur les autres jeux ; celui d'as est le premier ; ensuite, les cartes prennent rang comme au piquet.

**26.** Il est cependant un brelan qui l'emporte sur tous les autres, c'est le brelan carré ; c'est-à-dire, lorsqu'un joueur a dans sa main trois cartes semblables, trois neuf, trois dix, et que la quatrième retourne : ce jeu l'emporte sur tous les autres.

**27.** Ce jeu est très-piquant, en ce que souvent avec un jeu fait on perd contre un joueur qui n'a rien en main, qui trouve dans le jeu de ceux qui ont passé de quoi faire son jeu plus fort.

**28.** On appelle avoir jeu fait trente-un, vingt-un et as à la retourne ; souvent vous croyez devoir relancer avec ce jeu, il ne se trouve dans le jeu des quatre autres joueurs qu'une carte de votre couleur ; tandis qu'un autre, avec un as seul, un roi, quand l'as ne joue pas, en rencontre ; alors, vous perdez le coup.

### Règles générales.

**29.** S'il y a une carte retournée dans le jeu, on refait : cependant on continue la donne pour vérifier s'il y a des brelans.

Le brelan simple reçoit deux jetons de chaque joueur. Le brelan carré en reçoit quatre.

**30.** On ne peut jouer moins que le jeu.

**31.** Le joueur qui a passé avant que personne ait ouvert le jeu peut revenir contre celui qui l'ouvre, et tenir.

**32.** Le joueur qui a passé lorsque le jeu est ouvert ne peut plus revenir.

**33.** Lorsque plusieurs joueurs tiennent, c'est à celui le plus près à la droite de celui qui a ouvert, à déclarer combien il joue, sauf la relance des autres joueurs qui tiennent.

**34.** Celui qui, après avoir ouvert ou tenu, ne veut pas tenir ce dont il est relancé renonce en payant ce qu'il a joué.

**35.** Lorsqu'il y a un refait, c'est-à-dire, lorsque tout le monde a passé un des cinq jetons de la seconde mise, on met sous le flambeau pour les cartes.

**36.** Chaque brelan simple donne deux jetons au flambeau; le brelan carré en donne quatre.

**37.** Qui se carre met un jeton au flambeau.

**38.** Le second, refait en troisième donne, ne met rien au flambeau.

**39.** Le troisième refait en quatrième donne, met deux jetons.

# RÈGLES DU WISTH.

### ARTICLE PREMIER.

LE wisth se joue à quatre personnes avec deux jeux complets composés de *cinquante-deux cartes*, dont on se sert alternativement : il est d'usage de les prendre de couleur différente, afin de ne pas confondre les jeux; on joue deux contre deux personnes.

**2.** Pour décider quels seront les associés, on étend sur le tapis un jeu de cartes en demi-cercle, et chacun des quatre joueurs prend la sienne et la retourne; alors ceux auxquels sont échues les deux plus basses cartes sont ensemble, contre ceux qui ont les deux plus hautes. S'il arrivait que plusieurs cartes se trouvassent de valeur semblable, ceux qui les auraient prises en tireraient d'autres, jusqu'à ce que chacun ait une carte de valeur différente; mais celui qui en premier a la plus basse carte, la conserve, et il est de son droit de donner le premier.

**3.** Les places doivent, à moins de conventions autres, être tirées après chaque *robre*.

**4.** Lorsque la partie est établie entre six joueurs, les quatre plus basses cartes commencent, les plus hautes sont les rentrants. Pour faire place aux rentrants les quatre joueurs ayant fini un *robre*, tirent chacun une carte, et les deux plus fortes sont les sortants; cependant il peut être convenu que les gagnants ou les perdants cèderont leurs places, ou bien encore que chacun fera de suite deux *robres*.

**5.** Dans le tirage, l'as est la plus basse carte, tandis que, dans le courant du jeu, il est supérieur à toutes les autres.

**6.** La valeur de la fiche sera déterminée avant le commencement de la partie, ainsi que le nombre de celles de pari ou de consolation, à payer indépendamment de celles des parties du *robre*.

**7.** Ceux que le sort a associés s'asseyent vis-à-vis l'un de l'autre; on les nomme *partners*.

**8.** Après que les joueurs ont pris leurs places, le premier à donner doit mêler et faire couper à sa droite. Il n'est point d'usage de prendre trois ou quatre cartes en coupant, ou d'en laisser seulement ce nombre; on doit partager le jeu autant que possible par parties égales. La coupe est nulle s'il arrive qu'une ou plusieurs cartes soient vues ou retournées en coupant.

**9.** Il est interdit de changer de place et de

jeux, durant un *robre*, à moins que ce soit avec le consentement des autres joueurs.

**10.** Celui qui a la main doit donner les cartes une à une, en commençant par la gauche, et retourner la dernière, qui est l'atout.

**11.** S'il y a *mal-donne*, on recommence, et celui qui a donné perd la main.

**12.** Les cartes étant distribuées, le premier à jouer, qui est celui placé à la gauche du joueur qui a distribué, jette une carte sur le tapis, puis chacun jette la sienne en suivant toujours par la gauche.

**13.** Voici la valeur des cartes : L'as, le roi, la dame, le valet, le dix, le neuf, puis en descendant jusqu'au deux.

**14.** La partie est gagnée par celui qui fait dix points. Après six levées, chaque autre compte pour un point. Ainsi, six levées sont appelées le *devoir*; la septième compte et est nommée *trick*; il faut donc seize levées pour gagner.

**15.** Outre les points que l'on fait par les levées, on en fait encore par les *honneurs*. Les *honneurs* sont : L'as, le roi, la dame et le valet d'atout ou de la retourne. Les honneurs comptent pour deux points lorsqu'ils sont au nombre de trois, et quatre honneurs comptent pour quatre points : les deux *partners* doivent marquer ainsi quand ils les réunissent.

**16.** Les *honneurs* cessent de compter lorsqu'on est à neuf, ou bien lorsqu'on n'a plus qu'une levée à faire pour gagner la partie.

**17.** Si un parti a huit points et son *partner* trois honneurs en main, il peut les montrer avant de jouer, il gagne la partie. Il en serait de même si, ayant huit points et deux honneurs, son *partner* avait l'un des autres honneurs.

**18.** Il y a solidarité entre les *partners* pour les fautes, comme pour le gain ou les pertes.

**19.** Pour marquer les points on donne quatre jetons à chaque joueur.

Un, deux, trois et quatre points sont marqués avec le nombre correspondant des jetons que l'on a devant soi.

Le point de *cinq*, par deux jetons en ligne et un au-dessus ; le point de *six*, par trois jetons en ligne et un au-dessus ; le point de *sept*, par deux jetons en ligne et un au-dessous ; de *huit*, par trois jetons en ligne et un au-dessous ; le *neuf*, par trois jetons au-dessus l'un de l'autre. Il résulte de cette manière de marquer, que : un jeton placé au-dessus des autres compte pour *trois points*, tandis qu'il compte pour *cinq* quand il est mis dessous.

**20.** Les parties sont marquées avec des fiches. La partie simple se paie une fiche, la partie double deux fiches, et trois fiches pour la partie triple.

**21.** On appelle *partie simple*, celle où les adversaires ont cinq points ou plus ; partie double, quand ils ont quatre points ou au-dessous ; elle est triple quand ils ont trois points ou au-dessous, ou enfin quand ils n'ont aucun point.

**22.** Il est d'usage de payer, outre les fiches gagnées par la partie liée, autrement dit le *robre*, des fiches de *pari* ou de *consolation* : ces fiches sont au nombre de deux; à moins de conventions contraires, elles ne peuvent être de plus de quatre.

**23.** Deux *partners* ayant gagné une partie triple et une partie double, gagnent sept fiches; ils en gagneraient neuf si, avant de commencer, on était convenu de fixer la consolation à quatre fiches.

**24.** Si les deux parties ne sont pas gagnées de suite, il faut déduire le nombre de fiches qu'a produit aux adversaires le gain de la troisième partie; ainsi un *robre*, composé d'une partie triple et d'une partie double, doit être réduit à six fiches, quand les adversaires ont gagné la troisième partie simple.

**25.** Lorsque deux *partners* font la *vole*, ce que l'on nomme *chelem*, ils gagnent huit ou dix fiches suivant ce qu'il y a eu de convenu pour la *consolation*, si elle serait de deux ou de quatre fiches.

**26.** Dans le cas ci-dessus, il n'est pas d'usage de compter les points à raison des levées ou des honneurs, on laisse la partie comme elle se trouve.

**27.** On peut convenir que le *chelem* ne comptera que pour le nombre de levées.

## RÈGLES GÉNÉRALES.

**28.** Ainsi que nous l'avons dit, art. 12, le premier à jouer est celui placé à la gauche du joueur qui a la main ; il doit donc jeter sa carte sur le tapis, et chacun des joueurs placés à sa gauche jettera la sienne successivement.

**29.** Si l'un des joueurs joue hors de son tour, ses adversaires pourront lui faire jouer la carte jetée ; si cette carte entraînait une erreur de la part d'un autre joueur, celui-ci pourrait relever sa carte ; mais si, les quatre cartes étant sur table, il n'y avait pas eu de réclamation, l'erreur pour la carte jouée hors de tour ne pourrait plus être rectifiée.

**30.** Quand le troisième joueur jette sa carte avant le second, le quatrième peut jouer avant son *partner*; mais si le quatrième joueur jouait avant le second (qui est son *partner*), on pourrait exiger que celui-ci mît sur la levée sa plus haute ou sa plus basse carte de la couleur jouée, et s'il n'avait pas de cette couleur, on pourrait l'empêcher ou l'obliger de couper.

**31.** On ne peut tirer sa carte hors de son jeu avant son tour de jouer, autrement les adversaires seraient en droit d'exiger que la carte, ainsi tirée d'avance, soit étalée.

**32.** On ne peut renoncer lorsqu'on a dans son jeu de la couleur demandée, mais il n'y a renonce que quand la levée sur laquelle elle a eu lieu est mise en place, ou bien si le parti renonçant a joué une carte du tour suivant. Le *partner* du joueur qui renonce peut empêcher les adversaires de ramasser la levée et demander à son *partner* s'il renonce positivement.

**33.** Toute renonce doit être réclamée par celui à qui elle appartient, au moment même où il s'en aperçoit; mais si la levée était faite et mise en place, la vérification serait suspendue jusqu'à la fin du coup, et le jeu continuerait sans rien changer, parce que le parti renonçant pourrait acquérir des points pour sortir du double ou du triple.

**34.** Aucune renonce ne peut être réclamée si les cartes ont été coupées pour la donne suivante.

**35.** La renonce est punie par la perte de trois points qui comptent et se marquent avant tous les autres. Les adversaires peuvent : ou effacer trois points à la marque du parti qui a renoncé, ou bien ajouter trois points aux leurs.

**36.** Si le parti renonçant se trouvait avoir, à la fin du coup, un nombre de points assez fort pour gagner la partie, il devrait rester au *puits*, soit à neuf; et si ce parti faisait *chelem*, il ne lui compterait que pour le nombre des levées.

**37.** Dans le cas de renonce réciproque, le coup serait nul et le même joueur donnerait de nouveau.

**38.** L'atout étant connu, il ne peut, durant le jeu, être demandé quelle était la carte retournée; mais si un joueur avait oublié la couleur, il pourrait la demander.

**39.** Avant qu'une levée soit mise en place, le joueur qui le jugera nécessaire pourra demander qu'il soit fait tableau, c'est-à-dire que chacun replacera devant lui la carte qu'il aura jouée.

**40.** Si un joueur fournissait deux cartes sur une levée, les adversaires pourraient en choisir une et faire étaler les autres.

**41.** Quand, après une première levée mise en place, un joueur annonce qu'il lui manque une carte, les autres ayant bien le nombre voulu, le coup doit être continué, et celui qui n'a que douze cartes ne peut : ni faire chelem, ni faire la dernière levée; il doit être également puni pour chaque renonce. On voit par là qu'il est indispensable, avant de jouer, de vérifier si on a bien ses treize cartes.

**42.** Dans le cas où la carte qui manquerait à l'un se trouverait dans la main d'un des trois autres, le coup serait nul. Si encore elle avait été jetée par mégarde et qu'elle se trouvât dans les levées, celui à qui elle manquerait serait puni pour une renonce.

**43.** Si un joueur, se croyant certain du gain de la partie ou de faire les dernières levées, étalait toutes ses cartes, les adversaires pourraient continuer le coup en faisant étaler le jeu, et ils pourraient exiger à volonté telle carte qui leur conviendrait parmi celles en vue, sans cependant faire renoncer.

**44.** Si un joueur, croyant avoir perdu, étalait son jeu, les droits seraient les mêmes pour ses adversaires.

**45.** Un joueur doit s'abstenir d'indiquer qu'il a bon ou mauvais jeu, qu'il peut faire tant de levées; il ne doit même pas louer ou blâmer la manière de jouer de son *partner*. Il en est de même de la galerie, elle doit le silence lorsqu'elle n'est point consultée; mais dans une contestation où son avis est demandé, il est décisif.

## CONSEILS SUR LA MANIÈRE DE JOUER.

Après avoir compté ses cartes et les avoir mises en ordre, le joueur doit juger de la valeur de son jeu, c'est-à-dire qu'il doit estimer s'il faut inviter ou voir venir, et voir en quoi il lui serait possible de rendre ses cartes maîtresses pour la fin du coup, s'il pourrait devenir maître en atout; s'il estime son jeu assez fort pour l'offensive, ou s'il n'est point préférable de sonder le jeu de son *partner* par des cartes sans valeur, enfin préparer son plan de bataille et se tenir prêt à changer de manière de jouer, suivant que chaque levée lui en aura démontré l'utilité.

Le gain de la partie, il est évident, dépend

beaucoup de la manière d'entrer en jeu, on doit donc y porter la plus grande attention, et n'agir ensuite qu'après avoir calculé les ressources de son *partner*, comme les avantages de ses adversaires; il faut donc un coup d'œil très-prompt pour jouer sans aucune hésitation et prévoir, autant que cela se peut, l'issue d'une partie.

Il est très-important de faire entendre à son *partner* quelle est la valeur du jeu que l'on a en main, en même temps qu'il faut juger par la manière dont il joue, ce que peuvent valoir ses cartes. Ainsi, arrivé à la quatrième ou à la cinquième levée, le joueur doit juger en quoi chacun est fort ou faible, et diriger sa marche relativement. On voit donc aussi qu'il faut non-seulement diriger ses cartes, mais encore jouer dans le jeu de son *partner*, dont il faudrait pour ainsi dire deviner les treize cartes, afin de lui laisser faire les levées s'il était fort en cartes, ou de les faire soi-même quand on a jugé de la faiblesse de son jeu.

On est convenu de faire connaître à son *partner* en quoi on est fort, par une *invite*; on invite en jouant une basse carte; l'invite annonce que l'on a en main : as, roi, dame et d'autres cartes basses.

Lorsque ces cartes sont en atout il faut jeter l'as en premier, afin d'éviter que l'un des adversaires fasse la levée; mais au contraire si vous aviez une *séquence* composée de roi, dame, valet

**7.**

et d'autre plus basses, il faudrait jouer le valet afin de faire tomber l'as ; par ce moyen vous vous rendez maître des cartes secondaires.

Il est important de faire ses *invites* avec attention et de savoir bien distinguer celles des adversaires.

Quand votre *partner* invite dans une couleur dont vous avez une *séquence,* il vous faut prendre de la plus basse pour lui indiquer que vous y êtes fort ; au contraire, si l'invite venait de vos adversaires, il serait de votre intérêt de prendre de la plus forte pour masquer votre jeu.

Lorsqu'on renonce il faut se défaire de la plus basse carte de la couleur où l'on est faible.

Il vous faut répondre à l'invite de votre *partner,* par votre plus basse carte de la couleur si vous en avez quatre, et par la plus haute si vous en avez trois.

Si votre adversaire de gauche ayant fait l'invite, son *partner* n'a pu forcer et que la main vous reste, ce sera à vous de revenir sur la couleur et de faire ce que l'on appelle *la contre-invite.*

On ne doit changer de couleur qu'après s'être mis en garde contre les ruses des adversaires.

Lorsque vous avez en main des cartes sans suite, comme as et dame, roi et valet, il vous faut attendre de voir venir, c'est-à-dire qu'un adversaire en joue afin que vous puissiez faire deux levées dans cette couleur, autrement vous vous exposeriez à donner avantage à l'un de vos adversaires, il faut donc faire attention de jouer :

Le valet, si vous avez as, valet et dix, afin de mettre votre *partner* à même de jouer le roi et de conserver la dame, ensuite vous jouez as, puis au troisième coup le dix.

Ayant roi, valet et dix, jouez dix.

Si vous avez roi, dame et dix, jouez roi.

Avec roi, valet et deux petites cartes, jouez la plus basse.

Il est quelquefois prudent de jouer une carte insignifiante pour ne pas donner à ses adversaires le *voir-venir*.

Si votre *partner* donnant l'invite, vous faisiez la levée avec la dame, il ne faudrait pas revenir à la couleur, crainte de risquer de faire prendre son roi par votre adversaire de droite.

Mais, si sur l'invite de votre adversaire de gauche la levée avait été faite par celui de droite avec la dame, il serait de votre jeu de revenir dans la couleur pour faire prendre avec l'as de votre *partner*, le roi de votre adversaire de gauche.

Il est imprudent de faire une *impasse*, c'est-à-dire de mettre sur la carte jouée, une carte inférieure, en ayant en main de supérieures, la situation du jeu doit seule décider du cas où il faut jouer ainsi, c'est-à-dire si on doit prendre la main ou la laisser passer.

L'*impasse* est très-favorable quand on est fort en atout parce qu'alors il arrive que l'on fait les dernières levées avec les cartes restées en main après avoir fait celles avec les atouts.

Le plus fort avantage est de faire le *trick* à chaque donne, on ne doit pas risquer une *impasse* qui le ferait perdre, mais il serait bon de risquer l'*impasse* si elle vous donnait la chance de faire de suite deux levées qui vous feraient gagner le *trick*.

Il faut, quand votre *partner* joue une dame faire l'*impasse* de l'as, également celle du roi s'il jouait le valet.

Ne prenez un atout ou même le dix à votre *partner*, que si votre intérêt est de rester maître du jeu, cette règle s'applique également à toutes les couleurs.

Si vous avez renoncé à une couleur à laquelle invite l'adversaire de droite, vous devez couper. Il faut aussi couper la seconde inconnue, si vous avez coupé la première. S'il arrivait que l'on revînt trois fois sur la même couleur, et que vous n'eussiez pu savoir qui a le roi, il ne faudrait pas couper cette troisième fois, parce que votre *partner* pourrait l'avoir, ou renoncer et couper, et que dans le cas où ce serait votre adversaire de gauche, vous le verriez venir.

Cependant il convient de couper, s'il s'agit d'assurer le *trick*, ou bien si vous n'avez que de faibles atouts dont il vous serait impossible de faire meilleur usage.

Ainsi il faut pour couper, le faire suivant le

nombre de ses atouts. Faible en atout, couper pour ménager ceux de son *partner;* au contraire ayant quatre atouts dont un honneur et une couleur nombreuse, on doit éviter de couper une carte incertaine et surtout de surcouper l'adversaire de droite, pour rester plus tard maître en *atout* et utiliser sa bonne couleur.

Au commencement du jeu, il est souvent bon de jeter une renonce, au lieu de couper.

Il est bon quand on n'a plus d'atouts de forcer les adversaires à couper, afin d'épuiser les leurs et de les amener à jouer des couleurs nouvelles, c'est surtout celui que l'on sait plus fort en atout que l'on doit tâcher de forcer à couper.

Si, étant second à jouer, vous êtes fort en atout, ne coupez pas une treizième carte, coupez-la de votre plus haute; si vous y êtes faible, vous épargnerez, par là, les atouts de votre *partner* et l'aiderez dans son jeu.

Souvent il est prudent de ne pas surcouper l'adversaire de droite, il faut garder le voir venir, et conserver le roi d'atout pour rester maître du jeu.

Si, après avoir refusé de couper une couleur, votre *partner* y revenait par une carte perdante, votre jeu serait de couper, car vous devez le supposer fort en atout.

Ainsi que cela a été dit déjà, il est important pour vous de faire connaître votre jeu *à votre partner,* autant que de savoir deviner le sien, il n'est pas moins nécessaire de connaître celui de vos adversaires et d'après leur manière de jouer vous aurez à diriger la marche du vôtre ; c'est en remarquant leur *invites* et leurs *réponses* que vous y parviendrez.

Quand votre adversaire de droite ne peut forcer sur celui de gauche concluez qu'il est faible en couleur et revenez-y afin de le mettre sous la main de votre *partner*.

Il est nécessaire pour punir une *renonce*, de calculer à quel point seront les marques de chacun après la punition ; alors on doit ne pas oublier qu'il faut ôter aux adversaires les chances favorables.

Lorsqu'on gagne par son jeu, sans avoir besoin de faire usage des *renonces*, il faut s'en servir pour faire démarquer des points aux adversaires, on a, par ce moyen, des chances de gagner la partie double ou triple.

La manière d'user des atouts varie à l'infini, mais il y a quelques principes qu'il ne faut pas oublier, ainsi au commencement d'une partie, un joueur faible n'osera point faire atout, tandis que cela pourrait lui faire faire *chelem,* s'il avait en main un nombre suffisant et de qualité pour pouvoir faire avec ses autres cartes les levées suivantes.

Il ne faut pas manquer de faire atout : quand vos adversaires n'ont plus qu'une levée à faire, quand ayant le plus fort on suppose que ses adversaires n'en ont que chacun un ; quand on a cinq atouts dont un honneur ; il faut le faire également ayant quatre atouts, dont un honneur ou cinq petits, et que l'on possède des *cartes-maîtresses*; quand vers la fin du jeu, on veut éviter, ou de rentrer dans les invites, ou de donner *le voir venir* aux adversaires.

Quand il ne reste plus d'atouts que dans vos mains et dans celles de votre *partner*, vous ayant des cartes faibles, vous devez jouer un petit atout afin de le remettre en main et de lui faire faire ses cartes gagnantes.

Si vous avez as, roi et deux petits atouts, et que votre *partner* invite en commençant vous devez prendre ; cela vous assure trois coups d'atout. S'il jouait le neuf ou le dix il faudrait laisser passer, afin de vous assurer également trois coups d'atout lorsque vous auriez la main.

Au jeu de wisth il faut, comme dans la plupart des autres jeux, éviter de perdre la partie lorsqu'on ne peut la gagner, il faut donc s'appliquer à faire le plus de levées possible ; s'établir maître de sa couleur nombreuse ; conserver en main le meilleur atout et prévenir ce que pourraient faire de semblable les adversaires.

Si, étant au point de cinq, vous ne prévoyez pas pouvoir faire le coup, vous devez chercher à en faire trois pour arriver à huit.

Conservez autant que possible la carte retournée lorsque votre *partner* joue atout afin de lui faire savoir que vous en avez encore, jetez-la au contraire si c'est un adversaire, pour le mettre en doute.

Il vous faut couper sur votre *partner* s'il joue la treizième carte, car son intention est de vous engager à le faire pour améliorer son jeu.

Enfin on doit comprendre que ce jeu étant un des plus difficiles et par cette raison des plus beaux, on peut établir des cas généraux où il est utile de jouer de telle ou telle manière; mais que l'habileté dépend de la pratique; que chaque joueur qui, y a acquis de la force, a sa manière particulière et qu'il faut agir alors suivant la méthode de son adversaire; il est donc inutile de chercher d'autres combinaisons que celles qui, dans le cours d'une partie, doivent résulter de votre savoir-jouer comme du hasard de la distribution des cartes; au wisth comme aux échecs il est utile d'observer le jeu des forts et de s'essayer quelquefois avec eux.

# RÈGLES DU BESIGUE.

### ARTICLE Iᵉʳ.

CE jeu se joue à deux avec un jeu de piquet et en cinq cents points. La personne qui fait donne six cartes par deux et en prend autant pour elle, puis retourne la douzième qui est l'atout. La personne qui ne donne pas les cartes, commence à jouer, c'est ensuite la levée de chaque main qui marque celui qui doit jouer, à mesure que l'on fait une levée, on prend une carte au talon.

2. Lorsque celui qui fait, retourne un sept, il marque dix points, celui qui a le sept d'atout en main, peut le changer avec la carte qui retourne, quelle qu'elle soit, et alors il compte dix points.

3. Les cartes se comptent ainsi séparément :

L'as 11
Le dix 10

| | |
|---|---|
| Le roi | 4 |
| La dame | 3 |
| Le valet | 2 |

Le total des cartes que l'on peut compter s'élève à cent vingt points.

Les cartes qui valent le plus en points, sont les plus fortes.

| | |
|---|---|
| **4**. Un mariage ordinaire vaut | 20 |
| Un mariage en atout | 40 |
| Le valet de carreau et la dame de pique ou le *Besigue* valent | 40 |
| Quatre valets | 40 |
| Quatre dames | 60 |
| Quatre rois | 80 |
| Quatre as | 100 |
| Une quinte majeure en atout | 500 |
| Les autres | 250 |
| La dernière levée | 10 |

**5**. Pour compter les mariages, les *Besigues*, les 250, les 500, il faut n'avoir que cinq cartes en main et avoir fait la levée qui précède l'annonce de ce qu'on a.

**6**. Tant qu'il y a des cartes au talon, on a la liberté de renoncer ; mais, quand il n'en reste plus, il faut forcer la carte de celui qui joue.

**7**. En toute occasion, excepté quand il n'y a plus de cartes au talon, on peut couper avec l'atout, quoiqu'on ait en main de la couleur demandée.

**8**. A la fin d'un ou plusieurs coups, celui qui

a 400 points ou plus, compte dans le coup suivant chaque point qu'il fait. Ainsi, un joueur a 400 points, son adversaire 399, celui qui en a quatre cents gagnera s'il arrive à 500 au milieu ou aux trois quarts du coup, quoiqu'à la fin de ce coup en comptant tous ses points, celui qui en avait 399 en ait un plus grand nombre ; à moins que celui-ci n'ait gagné sans avoir recours à ses points de levée, c'est-à-dire par des mariages, des 250, 500, des 80 de rois, etc., etc.

# RÈGLES DES TAROTS.

—

CE jeu, qui est peu connu en France, se joue dans les pays voisins, en Allemagne, en Suisse, en Italie et en Espagne.

Les cartes sont au nombre de 78, leurs marques et leurs figures sont différentes des nôtres, par exemple : au lieu de trèfles, piques, cœurs et carreaux, elles sont distinguées par des coupes, des deniers, des épées, des bâtons, *copas, dineros, espadillas, bastos,* noms espagnols.

Ainsi, au lieu de 52 cartes, les jeux de tarots sont composés de 78, ou quelquefois 80, ou plus. Le nombre en est indifférent, chaque triomphe porte sa couleur ; les triomphes au jeu de piquet sont au nombre de treize, et celles des tarots de quatorze. Celles de France sont distinguées par quatre, celles des tarots sont également désignées par quatre différentes, qui sont : le roi, la reine, le chevalier, le valet, puis le dix, le neuf, le huit, le sept et le six avec l'as d'épée ; autant de bâtons, de coupes et de deniers, cela forme un total de 56 cartes ; les 21 autres sont nommées triomphes depuis le *bateleur* jusqu'au *monde*. Il est bon de remarquer l'usage du *fou*, on le nomme *excuse* ; son emploi est celui-ci : lorsque votre adversaire joue une haute carte de triomphe, soit roi, reine ou autre carte que vous ne puissiez prendre, vous montrez votre fou et donnez une carte de vos levées, puis mettez la carte du fou en place de vos levées. Toutes les cartes étant épuisées de part et d'autre, le gain de la partie appartient à celui dont les levées sont plus nombreuses.

## PREMIÈRE MANIÈRE DE JOUER.

**1.** On prend tel nombre de cartes que l'on veut, par exemple : dix, douze ; puis on convient de la partie.

**2.** Ce jeu se joue comme à la triomphe forcée ; le *fou* vaut cinq, et il sert d'excuse, ainsi que nous l'avons dit ci-dessus, le *monde* vaut quatre, le *bateleur* quatre, le *roi* quatre, la *reine* trois, les *chevaliers* deux, le *valet* un, et l'on met au jeu chacun ce qui a été décidé par la compagnie ; ensuite, après que les cartes ont été distribuées, on joue comme à la triomphe, c'est-à-dire que celui qui a le plus pris de *rois, reines, chevaliers, valets*, le *monde*, le *bateleur* et le *fou* gagne ; il faut compter les points ainsi que nous l'avons indiqué par la valeur des cartes; celui qui compte le plus gagne l'enjeu.

**3.** Il se joue entre quatre personnes et en cinquante points, ou bien entre six personnes: dans ces deux cas, on distribue 12 cartes à chacun, les cartes valent comme il a été dit précédemment, et l'on compte autant de cartes que l'on gagne de plus que ces douze, contre autant de points que les adversaires perdent de cartes, et celui qui le premier a fait 50 points gagne la partie.

**4.** Il y a une autre manière de jouer, c'est à savoir que les quatorze cartes, *rois, reines, chevaliers, valets* et le reste d'épée, nommé la *rigueur,* emporte les autres triomphes de *bâtons, coupes* et *deniers,* et se joue comme à la triomphe forcée, c'est-à-dire que n'ayant pas de la carte que l'on vous joue, de *deniers, bâtons* ou *coupes,* vous jetterez de la rigueur et emporterez; mais, si on vous jette d'une autre triomphe, et que vous en ayez, vous êtes obligé d'en jeter, alors la plus haute l'emporte. Le *fou* marque cinq et sert d'excuse.

**5.** On peut jouer à tel nombre de points que l'on veut, et à l'un ou à l'autre de ces trois jeux, qui renonce perd la partie.

**6.** Quelques personnes ont encore l'habitude de se servir de cartes du jeu de tarots pour remplacer les cartes du jeu de piquet, et jouent avec ce jeu; le piquet, la mouche, le brelan, etc., etc.

## AUTRE MANIÈRE DE JOUER

Ce jeu, que l'on appelle la triomphe forcée, se joue comme nous l'avons dit ci-devant, avec tel nombre de personnes que l'on juge convenable : on décide premièrement de la manière de jouer, c'est-à-dire l'enjeu et le nombre de cartes, puis voici quelles règles on devra suivre :

**1.** On donne à chaque personne de la compagnie cinq cartes et l'on ne retourne point les cartes.

**2.** Celui à qui vient le fou dans les cinq dites cartes, retire sa mise, également celui à qui arrive le bateleur retirera son enjeu ; mais celui auquel arrivera la force retirera deux enjeux, mais si la carte appelée la mort arrivait à l'un des joueurs, celui-ci emporterait la mise de chacun des joueurs.

**3.** Si, par hasard, vous aviez en main les deux ou trois cartes que nous venons de nommer, cela ne devrait pas empêcher la partie de continuer.

**4.** Celui qui aura fait les premières levées gagnera la partie. Mais, règle générale, qui renonce perd.

## JEU DE TAROTS DES SUISSES.

Avec ces mêmes cartes ou tarots, les Suisses jouent à trois personnes et donnent 75 cartes sur 78, celui qui donne prend les trois cartes supplémentaires et écarte celles qu'il lui plaît, ce jeu se joue en trois parties. Celui qui gagne le premier emporte ce que l'on est convenu de jouer. Voici quelle est la valeur particulière de chaque carte ou tarots : le *monde* compte pour cinq, le *bateleur* et les *rois* cinq chacun, les *reines* quatre, les *chevaliers* trois, le *fou* trois. Ce jeu se joue comme la triomphe, il y a vingt et une *cartes-triomphes*, qui sont :

| | |
|---|---|
| 1° Le bateleur. | 12° Le pendu. |
| 2° La papesse. | 13° La mort. |
| 3° L'empereur. | 14° La tempérance. |
| 4° L'impératrice. | 15° Le diable. |
| 5° Le pape. | 16° La maison de Dieu. |
| 6° L'amoureux. | 17° L'étoile. |
| 7° Le chariot. | 18° La lune. |
| 8° La justice. | 19° Le soleil. |
| 9° L'ermite. | 20° Le jugement. |
| 10° La fortune. | 21° Le monde. |
| 11° La force. | |

# RÈGLES DU VINGT ET UN.

### ARTICLE 1er.

CE jeu se joue avec un jeu complet de cinquante-deux cartes, qui ont chacune leur
valeur nominale, mais l'as a, suivant le nombre pour lequel on veut le compter, une valeur
de un, ou de onze points.

**2.** Le nombre des joueurs est illimité ; on calcule un jeu par quatre personnes, ainsi il faudrait, pour un plus grand nombre, le jouer avec
deux ou plusieurs jeux complets, afin que la personne à qui on a donné le nom de *banquier*
puisse faire plusieurs tours.

**3.** On tire au sort à qui sera le *banquier*, celui
à qui échoit le premier roi est le banquier.

**4.** Les autres personnes mettent devant elles
le nombre de jetons qu'elles veulent jouer, il est
d'usage de fixer un *maximum*.

**5.** Le banquier, après avoir mêlé les cartes et

fait couper, les distribue une à une à chacun des joueurs.

**6.** Chaque joueur, après avoir examiné ses cartes, en demande d'autres s'il n'a pas vingt et un, et si son point ne lui paraît pas suffisant, dans le premier cas il demande *carte,* ou dans le second, il doit dire : *je m'y tiens.*

**7.** Si le joueur demande carte, le banquier lui en donne une à découvert; le joueur en demande encore s'il juge que son point n'est pas assez fort pour arriver à vingt et un, ou s'il croit qu'il aurait un point trop bas pour s'y tenir, et qu'il pense que le banquier dominerait par son jeu ; suivant qu'il le trouve avantageux, il doit compter son as soit pour onze, soit pour un.

**8.** Après que le premier a dit : *je m'y tiens,* le joueur suivant doit parler, ainsi des autres.

**9.** Celui qui a plus de vingt et un points, *crève ;* alors il doit donner son enjeu au banquier et poser ses cartes au talon.

**10.** Le banquier, après avoir distribué les cartes aux joueurs qui en ont demandé, regarde son jeu et s'y tient, ou se donne des cartes de quoi faire son jeu le plus avantageux possible.

**11.** Si le banquier *crève,* il paye à chaque joueur restant, le nombre de jetons ou de fiches qu'il a mis au jeu.

**12.** S'il s'y tient, il abat son jeu, et les autres joueurs en font autant, alors il paye à chaque

joueur qui a un point plus élevé, autant de jetons que ce joueur en a devant lui, puis il ramasse ceux des joueurs qui ont un point inférieur.

**13.** Lorsqu'il y a point semblable entre le
joueur et le banquier, le coup est nul ; c'est ce
que l'on appelle *payer en cartes*.

**14.** Si un joueur a de suite vingt et un, ce que
l'on nomme *vingt et un d'emblée ;* c'est-à-dire s'il
a un *as* et un dix, ou un *as* et une figure, il abat
son jeu et le banquier lui paye de suite le double
de ce qu'il a mis devant son jeu (lui, le joueur);
mais, si le banquier aussi avait vingt et un d'emblée, ce serait un coup nul, pour ces deux
joueurs, qui se payeraient en cartes, les autres
joueurs qui n'auraient pas le même point payeraient double.

**15.** Quand le *banquier* a donné toutes les
cartes, la banque est finie ; s'il n'en avait point
assez pour finir le coup, il en prendrait au talon ;
de même, si, en ayant suffisamment pour en
distribuer deux à chaque joueur, il en prendrait
au talon, pour, après avoir mêlé et fait couper,
en donner autant qu'il lui en serait demandé.

**16.** On joue aussi le vingt et un en poste, c'est-
à-dire que le banquier donne une carte seulement,
qui compte pour dix, plus ce qu'elle vaut ; ainsi,
s'il donne un as, on compte dix pour la carte et
onze pour sa valeur, ce qui fait encore vingt et
un d'emblée.

Cette manière est très-peu usitée.

# RÈGLES DU TRICTRAC.

Ce jeu se joue avec deux dés, suivant le jet desquels chaque joueur, ayant quinze dames, les dispose artistement sur les points marqués dans le tablier.

Il faut, pour jouer ce jeu, avoir quinze dames chacun. D'un côté elles sont noires ou vertes, de l'autre blanches ; deux dés, trois jetons et deux fiches, qui sont les marques qu'on met dans chaque trou pour compter les points qu'on gagne.

On ne joue que deux à la fois au trictrac. Les deux joueurs prennent deux dés, et les mettent eux-mêmes dans le cornet.

On commence ce jeu en faisant deux ou trois piles de dames, qu'on pose sur la première flèche du trictrac. Il ne faut jamais que ce soit à contre-jour, pour la plus grande commodité des joueurs, à moins qu'on ne joue à la lumière ; alors il n'y a point de règle à garder là-dessus ; et il est indifférent de quel côté l'on place les piles des dames. A l'égard des dames, les blanches sont les dames d'honneur ; c'est pourquoi, par honnêteté, on les présente aux personnes qu'on considère : l'honnêteté exige aussi qu'on donne le choix du cornet, qu'on présente les dés pour tirer le coup.

Pour jouer avec ordre il faut, si l'on amène d'abord bezet, jouer deux dames de la pile, et les accoupler sur l'as qui est la flèche sur laquelle les dames sont empilées. On peut jouer tout d'une, en mettant une dame seule sur la seconde flèche. C'est la même chose à l'égard de tous les autres nombres qu'on peut abattre ou jouer tout d'une, si l'on veut, excepté cependant six et cinq qu'on doit absolument abattre quand on l'amène le premier coup, parce que les règles ne permettent pas de mettre une dame seule dans le coin du repos. Il est de la prudence du joueur d'accoupler deux dames ensemble, dans la table où les dames sont en pile, qui est, pour l'ordinaire, la première. On passe ensuite dans celle du coin du repos, qui ne se fait qu'en y plaçant deux dames ensemble ; quelquefois même dans celle de sa partie quand le jeu y conduit. Un joueur ne doit jamais compter, pour jouer les nombres qu'il ramène, la flèche d'où il part, soit qu'il soit battu du bois, soit qu'il joue en commençant ou dans le cours du jeu. On n'a pas plutôt jeté le dé, qu'on doit voir le gain ou la perte qu'on fait avant que de toucher son bois ; car, bois touché est censé joué, à moins que la dame touchée ne

8.

puisse être absolument jouée : ce qui arrive lorsque quelqu'un donne dans un coin qui n'est pas encore pris, et où un autre ne saurait entrer ni sortir seul, ou bien qu'elle donne dans le grand jan de celui contre qui vous jouez avant qu'il soit rompu.

Ces coups arrivent quelquefois imprudemment, lorsque, ne voulant pas jouer les dames, mais seulement regarder la couleur de la flèche, pour compter plus aisément ce qu'on gagne, on vient à la toucher : mais on évite cet inconvénient lorsque l'on dit, avant d'y porter la main : *J'adoube*; et cela suffit pour marquer que vous n'avez pas dessein de toucher votre bois. Il faut toujours marquer les points qu'on gagne avant de toucher son bois; autrement votre adversaire est en droit de vous envoyer à l'école. Selon les regles du Trictrac, quand on a gagné deux points, on doit les marquer au bout et devant la flèche du deux : quatre points devant la flèche du quatre; six points contre la bande de séparation; huit points au delà de la bande de séparation devant la flèche du six. On marquera dix points contre la dernière bande. Pour ce qui est des douze points qui sont le trou, ou partie double ou simple, ils se marquent avec une fiche sur les bords du Trictrac, du côté de la pile. Celui qui d'un coup gagne plusieurs points est en droit de marquer quatre, puis huit ou dix points, et enfin la partie, pourvu qu'il les marque, avant de porter la main sur son bois, et qu'en la portant il dise : *J'adoube*. Celui qui jette les dés est toujours en droit de marquer le point qu'il gagne, avant que son adversaire puisse marquer ce qu'il perd. Le joueur qui marque le trou ou la partie efface tous les points de son adversaire.

Il faut remarquer, au Trictrac, que, lorsqu'on s'est emparé de son coin, et que l'adversaire n'a pas le sien, chaque coup de dé vaut quatre ou six points ; si on bat le coin vide de son adversaire par deux dames, c'est-à-dire, six par double, et quatre par simple.

Dans un abrégé, tel que celui-ci, il est impossible de donner une parfaite connaissance du jeu de Trictrac, qui exigerait un volume entier si l'on voulait en détailler toutes les règles. Nous ne pouvons donc en donner que la légère notice qu'on vient de lire.

Ceux qui désireraient apprendre le Trictrac dans tous ses détails, peuvent recourir à un excellent traité de ce jeu qui a paru il y a quelques années ; il est intitulé : *Traité complet du jeu de Trictrac*, etc., etc., 1 vol. in-8, du prix de 5 fr. : c'est le meilleur qui ait été fait jusqu'à présent.

Nous finissons ce court abrégé par un dictionnaire des termes de Trictrac.

*Abattre du bois*. Abattre beaucoup de dames de dessus le premier tas pour faire plus facilement ses cases dans la suite.

*Adouber.* Toucher une dame pour arranger son jeu.

*Bandes.* Bords percés de trous vis-à-vis de chaque flèche, et bords du milieu et du devant du tablier.

*Bander les dames.* En trop mettre sur une flèche.

*Bezet.* Deux as.

*Bois.* Dames avec lesquelles on joue.

*Carmes.* Deux quatre.

*Cases.* Deux dames posées sur une même ligne ou flèche.

*Caser : faire des cases.* Accoupler deux dames ensemble,

*Coin.* Onzième case, non compris celle du tas des dames.

*Cornet.* Petit vase de corne ou de cuir dans lequel on met les dés pour les jeter.

*Couvrir.* La même chose que caser.

*Dames.* Morceaux d'ivoire, d'os ou de bois plats et arrondis.

*Dames couvertes.* Dames placées l'une sur l'autre.

*Dame découverte.* Une dame seule placée sur une flèche.

*Debrédouiller.* Être obligé d'ôter un jeton de de deux qu'on a marqués.

*Doublet.* Jet de dés qui amène deux points semblables, comme deux as, deux trois, etc.

*Empiler*. Mettre les dames en tas sur la première flèche du Trictrac.

*Enfilade*. Obstacle qui empêche de faire passer les dames d'un côté du tablier à l'autre, et qui fait perdre ordinairement la partie. On dit *courir à l'enfilade*.

*Enfiler*. Boucher à son adversaire les passages d'un côté du tablier à l'autre.

*École*. Oubli qu'on fait de marquer les points.

*Fichet*. Espèce de clous d'ivoire ou d'os, qu'on met dans les trous pour marquer combien on a de parties.

*Flèche*. Voyez *Lames*.

*Jan*. Se dit quand il y a douze dames abattues, deux à deux, qui font le plein d'un des côtés du Trictrac.

*Lames*. Figures longues terminées en pointes et tracées au fond du Trictrac.

*Quine*. Deux cinq qui viennent d'un coup de dé.

*Rompre : Rompre le dé*. Porter vivement la main sur les dés après que son adversaire les a jetés.

*Sonnez*. Deux six amenés par un coup de dé.

*Table*. Les deux côtés où l'on joue des dames dont on fait des cases.

*Table du petit jan*. Première table où les dames sont empilées.

*Table du grand jan*. Celle qui est de l'autre côté.

*Terne*. Deux trois amenés par un coup de dé.

*Trictrac.* Se dit du jeu de Trictrac. Il se dit aussi du tablier sur lequel on joue ce jeu.

*Trous.* Il en faut douze de chaque côté, percés chacun vis-à-vis les flèches ; c'est dans ces trous que l'on met les fichets pour marquer combien on a gagné de trous. Il faut douze trous ou douze fiches pour gagner la partie.

# JEU DE DAMES.

### ARTICLE 1er.

OUT le monde sait ce que c'est qu'un damier : c'est un carré de cent cases noires et blanches; chaque joueur a vingt pions, de couleur différente pour chacun.

Dans certains pays les joueurs posent les pions sur les cases blanches, d'autres sur les cases noires; ceci n'a rien d'important et ne peut donner ieu à discussion.

**2.** Le jeu arrangé, le premier à jouer pousse un pion, l'adversaire joue le sien; on ne peut faire qu'un pas à la fois et toujours en avant.

**3.** Un pion est en prise toutes les fois qu'il se trouve contigu à celui de l'adversaire, qui saute alors par-dessus, et continue sur autant de pions qui se trouveraient en prise; dans ce cas seul il peut aller dans tous les sens, et reculer même s'il y a à prendre.

**4.** Lorsqu'un pion arrive à Dame, il se fait damer; la Dame est une pièce qu'il faut tâcher de prendre à l'adversaire, en ouvrant son jeu de manière à la forcer de se donner pour un pion. Cette pièce, on le sait, ne va pas comme le pion, seulement d'une case à une autre, mais elle prend les pions ou Dames mêmes qui se trouvent placés en prise sur toutes les lignes diagonales du damier.

**5.** On est forcé de jouer le pion ou la Dame que l'on a touché ; mais la pièce n'est jouée que quand elle est lâchée, le joueur pouvant la placer ailleurs. L'axiome *Dame touchée, Dame jouée,* n'oblige cependant pas à jouer une Dame ou un pion que l'on aurait touché, si cette pièce était dans l'impossibilité d'être déplacée.

**6.** Celui qui toucherait un pion ou une Dame, seulement avec l'intention d'arranger son jeu, doit prévenir en disant : *J'adoube.*

**7.** On ne doit ramasser les pions et Dames qu'après avoir indiqué, avec la pièce qui prend, toutes les cases sur lesquelles elle doit poser ; si après cela on oubliait de ramasser une Dame ou un pion, l'adversaire pourrait exiger que cette pièce oubliée restât sur le jeu.

**8.** *Souffler.* Lorsqu'un joueur, qui aurait dû prendre, ne l'a point fait, son adversaire lui souffle la pièce avec laquelle il aurait dû le faire, puis il joue ; de là cet autre axiome : *souffler n'est pas jouer.*

**9.** Cependant si l'adversaire trouve plus avantageux de forcer l'autre joueur à prendre, il doit le lui faire remarquer en l'obligeant à s'emparer de la pièce en prise.

**10.** On ne peut souffler qu'avant d'avoir touché le pion que l'on devait jouer, ainsi il faut dire : Je vous souffle, prendre la pièce et jouer ensuite.

**11.** Celui qui a à prendre de deux côtés est soufflable, s'il ne prend du côté où il se trouve un plus grand nombre de pièces en prise. On ne peut souffler quelqu'un qui, ayant à prendre deux pions, ou une Dame et un pion, prendrait seulement les deux pions.

**12.** La partie est nulle et ne doit pas être continuée lorsque deux joueurs restent l'un avec une Dame et un pion, et l'autre une Dame seulement.

**13.** *Qui quitte la partie la perd.* Cela s'applique au jeu de Dames comme à tous les autres jeux.

**14.** Partie gagnée, lorsque l'un des joueurs a perdu tous ses pions et Dames, ou s'il ne lui reste qu'un coup à jouer, et qu'il ne puisse faire autrement que de se mettre en prise.

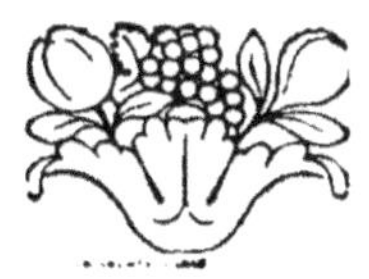

# RÈGLES DES ÉCHECS.

CE jeu se joue à deux personnes, sur une table carrée nommée *Echiquier*; elle est divisée en soixante-quatre carrés ou cases disposés sur huit de base et huit de hauteur. Ces cases sont blanches et noires, semblables à celles du damier.

On place l'échiquier entre les joueurs, de manière que chacun ait à sa droite la case blanche qui aboutit aux deux angles.

On joue avec trente-deux pièces qu'on nomme Echecs, seize blanches, seize noires. Ces pièces sont, pour chacun, composées de huit pions que l'on place sur la seconde bande, et de huit grandes pièces, qui se placent sur la première bande de l'Echiquier.

Ces grandes pièces sont :

Le Roi,

La Reine,

2 Fous,

2 Cavaliers,
2 Tours.

On place le roi au milieu de la première ligne, sur la quatrième case blanche, si c'est un roi noir, et sur la quatrième case noire, si c'est un roi blanc, la reine sur la case de sa couleur, les deux fous, l'un à côté du roi, et l'autre à côté de la reine, les deux cavaliers de chaque côté des fous, puis enfin les tours aux deux angles.

On nomme case du roi celle où il a été placé primitivement; seconde case du roi celle où est placé son pion; troisième, etc., celles qui sont devant lui. Chacune des autres cases prend le nom de sa pièce dans le même ordre.

### De la marche des pièces.

*Les pions*, marchent suivant les bandes perpendiculaires aux bases de l'Echiquier; ils avancent toujours vers le jeu de l'adversaire; ils ne reculent jamais. Au premier coup, on peut le faire avancer d'un ou deux pas, ceci pour chaque pion; mais ensuite il ne doit être avancé que d'un pas à la fois. Un pion prend toute pièce placée obliquement.

Si un pion blanc est poussé deux pas à son premier coup, et qu'un pion noir soit assez avancé pour prendre le pion blanc dans le cas où on ne l'eut poussé qu'un pas, le pion noir peut le prendre : cela s'appelle *prendre en pas-*

*sant*. Ce pion noir doit se mettre non sur la case où est le pion blanc, mais sur celle où il aurait été, si on ne l'eût poussé qu'un pas.

Enfin, si ce pion arrive à la base de l'Echiquier, où étaient les grandes pièces de l'adversaire, il devient une dame ou tout autre pièce, au gré du joueur à qui il appartient, et cette pièce a, pour la suite de la partie, la valeur et la marche qui lui appartient.

*Les Tours*. Elles marchent en ligne droite, soit perpendiculairement ou horizontalement ; elles vont d'une extrémité à l'autre, un pas seulement ou plusieurs à la fois ; elles prennent toute pièce de l'adversaire, qui se trouve sur leur passage ; mais, dans ce cas, elles doivent se mettre sur la case de la pièce prise.

*Les Cavaliers*. Ils marchent obliquement et sautent de trois cases en trois cases, de noir en blanc, et de blanc en noir : cette pièce seule peut passer par-dessus les autres.

*Les fous*. Ils marchent toujours diagonalement et ne quittent point leur couleur ; ils peuvent avancer d'une ou de toutes les cases qui sont devant eux.

*La reine*. Elle marche soit en ligne droite ou diagonale, elle avance d'un ou de plusieurs pas, ella a donc la marche de la tour ou celle du fou.

*Le roi*. Il ne peut bouger que d'une case à la fois, mais cela dans tous les sens.

Il peut encore, lorsque l'espace entre lui et la

tour sont vides, et que ni l'une ni l'autre de ces deux pièces n'ont été jouées, *rocquer;* pour cela, on approche la tour du roi, et ce dernier saute par-dessus; il fait, dans ce cas, deux pas à la fois.

Après avoir placé ses pièces, le premier à jouer avance un pion, son adversaire un autre, la partie est donc engagée; elle sera gagnée par celui des deux joueurs, qui le premier aura fait échec et mat, le roi de son adversaire, c'est-à-dire, aura joué une pièce qui menace de prendre ce roi s'il ne se gare, ce qui est un échec, et s'il ne peut jouer sans être pris, un échec et mat.

### Règles.

**1**. On ne prend pas le roi par surprise; ainsi, quand on l'attaque, il faut annoncer l'échec, afin que l'adversaire puisse y parer.

**2**. Si l'adversaire met lui-même son roi en prise, il faut l'avertir, afin qu'il joue autrement : s'il ne le pouvait, s'il n'avait aucune pièce à jouer et qu'il ne put bouger son roi sans le mettre en échec, la partie serait nulle; c'est ce que l'on appelle faire *pat*.

**3**. Toute erreur relative à la position des pièces mal placées, donne lieu à une rectification jusqu'au quatrième coup joué, après cela il faut continuer la partie telle quelle.

**4.** Quand on a touché une pièce, on est forcé de la jouer; de là : *pièce touchée, pièce jouée.* Cependant il n'est pas d'usage de l'exiger, quand il s'agit du roi et que l'on ne pourrait le faire sans le mettre en prise, comme nous l'avons dit à l'article 2. On peut encore toucher une autre pièce en disant : *J'adoube* ; dans ce cas il n'y a aucune obligation de la jouer.

**5.** On ne peut reprendre une pièce, pour la jouer ailleurs, que tant que l'on a encore la main dessus.

Nous ne saurions, dans un cadre aussi faible que celui qui nous est ici réservé, donner d'autres détails sur ce jeu des échecs, que beaucoup de personnes regardent comme une science. Alexandre, Charlemagne, Napoléon, ont illustré ce jeu par la préférence qu'ils lui donnaient sur tout autre; des hommes se sont rendus célèbres par la force qu'ils avaient acquise à ce jeu; ils ont laissé des traités qui ont pris place dans les bibliothèques de beaucoup de gens d'esprit et de goût. Plusieurs de ces ouvrages viennent d'être réimprimés avec soin, nous y renvoyons le lecteur.

Voir les plus estimés :

*Analyse du jeu des Echecs*, par Philidor. 3 fr. 50 c.

*Le jeu des Echecs*, par P. Stamma. 5 fr.

*Le jeu des Echecs du Calabrois.* 3 fr. 50 c.

*Manuel du jeu des Echecs*, par Stein. 5 fr.

Chacun de ces ouvrages est orné d'un nombre de gravures représentant les situations des coups les plus difficiles ou des fins de parties, les plus extraordinaires, ce qui les rend indispensables aux vrais amateurs de ce beau jeu.

# RÈGLES DU BILLARD.

### ARTICLE 1er.

ES joueurs doivent tirer ensemble le billard, c'est-à-dire jouer un coup en même temps ; celui des deux dont la bille s'arrête le plus proche de la petite bande du but, après qu'il a touché la bande du haut, a droit de faire jouer son adversaire le premier. S'il arrivait que les billes se rencontrassent, il faudrait tirer de nouveau le billard.

**2.** Celui qui joue ne doit jamais être *hors le billard*, c'est-à-dire qu'il ne doit pas rester dans la direction des deux grandes bandes.

**3.** On ne doit point jouer sans avoir un pied sur le plancher ; il n'est point permis non plus d'abandonner sa queue en poussant sa bille.

**4.** Quand un joueur, ajustant son coup, touche très-légèrement sa bille, le coup est bon ; s'il lui arrivait de frapper un autre coup, son adversaire est en droit d'exiger le replacement des billes, si bon lui semble, et il gagne un point.

**5.** Celui qui *bâtonne* sa bille perd trois points et doit la prendre en main quand son adversaire l'exige ; mais la bille reste où elle est si celui-ci ne réclame que les points du manque de touche.

**6.** Celui qui *queute* perd un point, les billes restent où elles se trouvent. S'il a fait des points ils ne sont pas comptés et l'adversaire continue.

**7.** Lorsque l'on se perd, l'adversaire gagne les points que l'on aurait gagné par le carambolage ou les billes faites ; cette condition est différente dans celles des parties où la perte serait de l'adresse.

**8.** Celui qui manque de touche perd un point qui compte à son adversaire.

**9.** La bille qui saute hors du billard est une bille perdue quand elle est celle du joueur, autrement le coup est nul, et les points sont bons.

**10.** Celui qui touche la bille qui n'est pas la sienne, perd un point, elle est remise à sa place et le coup joué ensuite.

**11.** Quand un joueur arrète la bille de son adversaire, ou la détourne avant qu'elle soit arrivée à son but, il perd autant de points que celui-ci en eût pu faire si la bille n'eût point été détournée ; la galerie est appelée à décider sur la quantité probable.

**12.** S'il arrivait qu'une bille, arrètée au bord d'une blouse, y tombât avant que le joueur suivant eut commencé à jouer, elle compterait au joueur précédent pour la perte ou le gain, mais

## ARTICLE 1ᵉʳ.

elle serait simplement remise en place si elle tombait pendant que l'autre bille roulerait; on attribue alors sa perte au mouvement involontaire donné par le second joueur.

**13**. Celui qui reçoit des points peut les compter dans le cours de la partie, s'ils avaient été oubliés.

**14**. Est réputée en dedans, la bille posée à cheval sur la ligne du quartier; le joueur qui a la main ne peut dans ce cas la toucher qu'après avoir pris la bricole de la petite bande du haut.

**15**. Quand on joue une autre bille que la sienne, on perd son coup; et l'adversaire la fait poser, à son choix, sur la blouse ou à son poste lorsque c'est une bille de couleur, lorsque c'est une bille blanche elle doit être prise en main.

On suit encore la règle précédente, alors que celui qui se trompe joue avec la bille de son adversaire, à cette différence près que celui-ci peut, pour finir la partie, adopter la bille qu'il jugera plus à son avantage.

**16**. Celui qui perd la partie, commande pour en commencer une autre, cela a lieu pour toutes les parties, à l'exception de celles à suivre, où il est de droit que ce soit au gagnant à recommencer.

*Nota*. Nous n'avons pas pu faire entrer dans ce livre, toutes les règles diverses du billard;

nos lecteurs pourront acquérir une connaissance très-étendue de ce jeu dans le volume publié par M. Blismon, intitulé : *Manuel de l'amateur du jeu de billard;* cet ouvrage contient plus de quarante planches qui indiquent les coups exécutés par les plus célèbres joueurs des capitales du monde entier. 1 vol. in-8°. 5 fr.

# RÈGLES DU DOMINO.

---

Ce jeu se joue avec vingt-huit dés qui sont divisés en sept espèces, commençant par le double six; ces dés forment ensemble 168 points.

Avant d'exposer les règles du domino, nous allons faire connaître les différentes parties auxquelles ces règles s'appliquent.

### PREMIÈRE PARTIE.

**Du tête à tête, chaque joueur ayant six ou sept dés.**

L'OBJET que chaque joueur a en vue dans cette partie, est de gagner, le premier, cent points.

Supposons que le sort vous ait désigné pour poser le premier dé, et que dans les six dés que vous devez avoir, il se trouve le double six et d'autres six, votre jeu sera de poser le double six. Si votre adversaire pose un dé sur le vôtre, et que vous ayez un dé tel que le sien, vous le poserez sur celui-ci : votre adversaire n'appliquant rien à l'autre bout de votre premier dé, il est présumable que cela ne lui est pas possible, à moins qu'il ne pose le double du dé que vous avez joué en dernier lieu, comme ce serait le jeu de le faire ; mais ne posant pas le double, appliquant un dé à celui que vous avez placé, si ce dé présente matière à placer un autre de vos six, vous faites alors six partout, ce qui peut déterminer votre adversaire à bouder. Si vous n'avez pas d'autre six, alors le jeu est fermé.

Au reste cette manière de jouer n'est fondée que sur des probabilités, et le hasard donne assez souvent un résultat différent de celui qu'on espérait.

Nous avons dit qu'on devait poser le double six quand on l'avait avec d'autre six ; il en faut user de même relativement aux autres des doubles, lorsqu'ils sont accompagnés ; mais le joueur doit éviter de jouer son dé double, quand il est unique et qu'il lui reste beaucoup de points ; la raison en est que si son adversaire n'a point ce dé, comme cela arrive souvent, il faut en venir à compter les points : Or, le joueur de ce double dé, en ayant beaucoup, il faut en conclure que son adversaire en a peu ; d'où il suit que ce joueur se trouverait privé de l'avantage qu'il devait espérer en posant.

Cependant si celui qui pose ayant un double dé seul, n'a d'ailleurs que peu de points, il ne jouera pas mal en risquant de fermer le jeu, et de faire abattre pour compter.

## DEUXIÈME PARTIE.

### Du tête à tête, à quelque nombre de dés que ce soit, sans être au point.

Dans cette partie chaque joueur se propose simplement de faire *domino*, de placer tous ses dés, avant que son adversaire ait placé les siens. Pour atteindre ce but, il est important de conserver les deux bouts ouverts, sans s'inquiéter si l'adversaire place ses dés, ou passe beaucoup de points. Au reste, il arrive fréquemment dans cette partie que le jeu peut se fermer ; mais on doit éviter de le faire quand on a beaucoup de points, attendu qu'en ce cas, celui qui a le plus grand nombre de points, perd le coup.

## TROISIÈME PARTIE.

### Du tête à tête, aux points, chaque joueur ayant sept, huit ou même dix dés.

Le joueur qui parvient à compter cent points avant son adversaire, gagne la partie. Celui qui pose le premier, joue bien en avançant le dé dont il a le plus. Si l'on ne pose pas le premier, on doit éviter d'avancer un dé dont on a le double sans en avoir aucun autre : la raison en est, qu'en avançant un tel dé, il est presque certain que le double dé de la même espèce vous restera dans la main.

## QUATRIÈME PARTIE.

### Du tête à tête aux points, chaque joueur ayant douze dés.

Cette partie exige plus d'attention que les précédentes, pour éviter les fautes et gagner des points.

Si vous avez un double dé et ceux qui le suivent, vous ne devez pas, en commençant, poser ce double dé, parce que vous seriez obligé d'ouvrir le jeu à chaque dé ; au lieu qu'en posant un autre dé, votre adversaire est tenu d'appliquer un dé au bout ouvert, sur lequel vous posez un des dés dont vous avez le plus : ainsi vous enchaînez la partie, et vous la conduisez jusqu'au point de la fermer.

Il faut avoir attention de ne point ouvrir un dé contenant beaucoup de points, et de couvrir autant qu'on peut ceux que l'adversaire avance, notamment quand on a lieu de présumer qu'il boude à l'autre bout.

Le joueur qui compte le premier cent points gagne la partie.

## CINQUIÈME PARTIE.

### A quatre, chacun pour soi, sans être aux points.

Pour jouer cette partie, chacun met au jeu une somme convenue; et quand les dés sont mêlés, chaque joueur en prend six. Toutes les fois qu'on fait *domino*, on retire du jeu une somme égale à celle qu'on y a mise.

Supposons, par exemple, que ce soit à vous à poser le premier, il est clair que vous ferez *domino*, avant tout autre joueur, si vous ne boudez pas, puisque vous avez un dé de moins. Vous retirez donc alors votre enjeu : ensuite on remêle les dés pour un nouveau coup, et le joueur qui est à votre droite pose le premier. S'il arrive que vos adversaires boudent une seule fois chacun, vous ferez encore *domino*, et vous retirerez un nouvel enjeu. On continue de cette manière jusqu'à ce que les quatre enjeux soient gagnés.

## SIXIÈME PARTIE.

### De la poule.

Cette partie se joue entre trois ou quatre personnes ; chacun met au jeu une somme convenue pour former la poule.

Cette poule doit appartenir au joueur qui le

premier parvient à compter cent points en sa faveur.

Dans cette partie, on fait souvent le sacrifice de son intérêt particulier, pour favoriser le joueur qui a le moins de points, au préjudice de celui qui en a le plus.

## SEPTIÈME PARTIE.

**Au domino voleur, c'est-à-dire de deux personnes contre deux autres, ayant six dés et jouant pour gagner le plus tôt cent points.**

En général, on doit tâcher, dans cette partie, de fermer toujours le dé de son adversaire.

Supposez que, devant poser le premier, vous ayez en main un double dé, avec trois ou quatre autres qui s'y rapportent, et un second double dé isolé avec un dé quelconque, vous jouez bien en posant le double dé isolé, parce que vous obligez vos adversaires à vous ouvrir les dés auxquels les vôtres se rapportent : vous devenez ainsi maître du jeu, et vous ne pouvez manquer de faire *domino*.

Si votre jeu est disposé de manière à ne vous présenter aucun succès certain, vous devez être attentif au dé que votre partenaire pose, et faire dans ce dé un partout, si vous en avez un à faire.

Il faut aussi prendre garde à la position de vos adversaires ; car, s'ils jouent pour peu de points, il convient que vous avanciez vos gros dés, afin d'éviter de perdre sur le coup.

## RÈGLES DU DOMINO.

**1.** La première opération consiste à faire décider par le sort, à qui appartiendra l'avantage de poser le premier ; on mêle pour cela les dés, et chaque joueur en ayant pris un, l'avantage reste au plus fort point, et successivement à ceux qui en approchent le plus.

**2.** Si l'on joue au domino voleur, ceux qui ont les deux plus forts points, sont partenaires l'un de l'autre, et si ces points sont égaux, on peut obliger les deux partenaires à prendre chacun un nouveau dé, pour faire décider à qui appartiendra l'avantage de poser le premier.

**3.** Quand on joue avec six dés et plus jusqu'à douze, le joueur qui en prend un de moins pour former son jeu, perd la partie : mais il faut pour cela, qu'on fasse apercevoir la faute immédiatement après que chaque joueur a posé un dé.

**4.** Si l'on prend un ou plusieurs dés au delà de ce qu'on doit en avoir, on est obligé de les garder.

**5.** Si les joueurs sont au nombre de quatre, chacun devant avoir six dés, celui qui en a un de moins est obligé de le reprendre au talon. Cette exception à la rigueur de la règle 3, est fondée sur ce que, ne devant rester que quatre dés au talon, on s'aperçoit facilement de l'erreur du joueur qui n'a pas son compte.

**6.** Le joueur qui doit poser le premier, doit retourner les dés et les mèler : tout autre joueur peut aussi les mèler.

**7.** Lorsqu'en prenant les dés, quelque joueur en fait voir un, on doit remèler ; mais, si c'est en retournant ses dés qu'un joueur en découvre un, on ne refait pas.

**8.** Lorsqu'un dé est couvert, ou qu'un joueur a joué à l'extrémité opposée, les dés ne se relèvent pas et la partie est bonne, quand même le dé qui couvre ne s'adapterait pas régulièrement au dé couvert.

**9.** Le joueur qui doit poser le premier, ne peut prendre ses dés qu'après que ses adversaires ont pris les leurs.

**10.** Lorsqu'un dé présenté sur un bout ne s'y adapte pas, mais s'adapte à l'autre bout, il doit y ètre posé.

**11.** Si avant de poser un dé, le joueur annonce ce dé, et qu'ensuite il en présente un autre, les adversaires peuvent exiger que le dé annoncé soit posé.

**12.** A quelque partie que ce soit, les joueurs doivent laisser leurs dés sur la table.

**13.** Celui qui peut fermer le jeu, est libre de le faire s'il le juge à propos.

**14.** Si un joueur dit qu'il *boude*, et que par ce

moyen le jeu se trouve fermé, ou que l'on joue encore, et qu'ensuite le joueur présente son dé sur un autre bout, la partie doit, par cette faute, être terminée sur-le-champ : si l'on joue à la *poule*, le joueur en faute paye un enjeu à chacun de ses adversaires : si l'on joue au domino voleur, il est obligé de payer la partie tant pour lui que pour son partenaire ; enfin, si l'on joue à quelque partie, sa faute la lui fait perdre.

**15.** Lorsqu'un joueur prend six dés, il faut qu'il les prenne devant lui, et qu'il n'en ait que son [compte juste : s'il en prenait davantage et qu'il voulut en faire un choix avant qu'ils fussent retournés, il serait tenu de garder les dés qu'il aurait pris de trop, ou un autre joueur les lui retirerait.

**16.** Tous les dés découverts doivent être posés surle coup, s'ils peuvent être adaptés à ceux qu'on a posés précédemment.

**17.** Les dés du talon doivent toujours être à la droite du joueur qui pose.

**18.** Lorsqu'un joueur, après avoir annoncé qu'il *boudait*, s'aperçoit qu'il s'est trompé, il doit être admis à poser, si celui qui est sous sa main n'a pas encore posé ; et si ce dernier a posé, l'autre peut, par la suite, poser le dé sur lequel il s'est trompé.

**19.** S'il arrivait au domino voleur, qu'un joueur, pour faire connaître à son partenaire qu'il a un certain dé, posât ce même dé, quoiqu'il ne put pas s'adapter à ceux qui seraient posés, les adversaires seraient fondés à empêcher que ce partenaire ouvrît par le dé découvert : cependant, si c'était un dé forcé, ils ne pourraient pas le faire bouder.

**20.** Toutes les fautes sont personnelles, et un partenaire n'en doit pas souffrir : cependant, s'il ne peut rien perdre, il ne peut rien gagner.

**21.** Lorsque le jeu se trouve fermé, le joueur qui a le moins de points gagne : s'il y a égalité de points entre plusieurs, excepté le poseur, le joueur le plus près de la droite de celui qui a posé, gagne par primauté.

**22.** Si un joueur demande : qui a posé le premier, ou quel est le dé qu'on a posé le premier ? on n'est pas obligé de le lui dire.

**23.** Lorsque dans une partie qui a lieu tête à tête, un joueur fait découvrir les dés de son adversaire, celui-ci est fondé à faire remêler, quel que soit le nombre de dés qui lui restent.

**24.** Un joueur ne doit point se faire conseiller : mais s'il arrivait qu'un spectateur conseillât de jouer un dé sans qu'on eût provoqué ce conseil, les spectateurs ne pourraient pas empêcher que le dé désigné ne fut posé.

## VOCABULAIRE EXPLICATIF
### Des termes usités au domino.

*As.* C'est dans un dé le bout qui présente un seul point.

*Avancer un dé.* C'est appliquer à un dé déjà posé un autre dé qui s'y adapte.

*Blanc.* C'est un dé dans lequel il n'y a aucun point marqué.

*Bouder.* C'est annoncer qu'on n'a aucun dé qu'on puisse adapter à ceux qui sont déjà posés.

*Bout ouvert.* C'est un dé disposé de manière qu'au bout extérieur vous pouvez adapter un autre dé que vous avez dans votre jeu.

*Cinq.* C'est un dé dont un bout est marqué de cinq points.

*Couvrir un dé.* C'est adapter à un dé posé un autre dé sur lequel l'adversaire boude.

*Deux.* C'est un dé dont un bout est marqué de deux points.

*Double As.* C'est un dé dont chaque bout est marqué d'un as ou d'un point.

On dit dans le même sens *double blanc,* pour désigner un dé sur les bouts duquel il n'y a aucun point marqué, *double deux* pour désigner un dé dont chaque bout est marqué de deux points ; *double trois, double quatre, double cinq double six,* pour désigner les dés dont chaque bout est marqué de trois, de quatre, de cinq et de six points.

*Enjeu.* C'est la somme que chaque joueur met au jeu.

*Faire Domino.* C'est être le premier à poser le dernier des dés qu'on avait à jouer.

*Fermer le jeu.* C'est poser un dé auquel on ne peut plus en adapter aucun.

*Ouvrir un dé.* C'est poser un dé sur lequel on n'a point boudé.

*Partenaire.* C'est un joueur associé à un autre.

*Point.* C'est le nombre que présentent un ou plusieurs dés ; il se dit pareillement du nombre auquel il faut atteindre pour gagner la partie.

*Poser.* C'est jouer un dé.

*Poule.* C'est la totalité des enjeux.

*Primauté.* C'est l'avantage par lequel le joueur le plus près de la droite de celui qui a posé, l'emporte à égalité de points sur tout autre joueur.

*Quatre.* C'est un dé dont un bout est marqué de quatre points.

*Six.* C'est un dé dont un bout est marqué de six points.

*Talon.* Ce sont les dés qui restent, quand chaque joueur a pris ceux qu'il lui faut.

*Trois.* C'est un dé dont un bout est marqué de trois points.

FIN.